［ルポ］

秀和幡ヶ谷レジデンス

栗田シメイ

KURITA SHIMEI

毎日新聞出版

［ルポ 秀和幡ヶ谷レジデンス 目次］

第2章 海辺の町のもう一つの闘い

第3章 有志の会、戦略を練る

第4章 変化を受け入れ再出発

第5章 決裂と再生——そして迎えた運命の日

※文中敬称略。年齢は2024年11月時点。

ブックデザイン　金澤浩二
装画　芦野公平

プロローグ

それは晩秋とは思えない、とても暖かな日だった。

手島香納芽《てじまかなめ》(60)はいつもと同じ7時に起床し、この日のためにまとめた分厚い資料に目を通す。自宅マンションの部屋を出る時間には温度計の目盛りは20度に届こうとしていた。

渋谷区・幡ヶ谷《はたがや》から自転車に乗り、新宿を目指す。目的地は「京王《けいおう》プラザホテル」だ。

2021年11月6日。この日、手島が4年弱の時間をかけ準備を進めてきた、マンションの総会が予定されていた。

「今日は1票を争う厳しい闘いになる」

そんな予感が手島にはあった。


東京・渋谷区の一等地にとんでもないマンションがある――。

全ては一本のこんな電話から始まった。

「独裁的な管理組合の謎ルールの数々に、住民が困り果てている。ネットでは、『渋谷の北朝鮮』とも揶揄《やゆ》されているくらい。一度取材をしてみてくれないか」

声の主は、業界の裏事情に詳しい不動産会社の代表の高田（仮名）だった。17年の春、私がスルガ銀行の高金利アパートローンの取材を始めた際に出会った、いわゆる〝ネタ元〟の一人である。当時は、融資に関わった関連企業や販売主の特定にも大きく関わり、その情報収集力には驚かされたものだ。

また、世間の耳目《じもく》を集める前に被害者とされる人々を集め、会合をセッティングしてくれるなど、人脈も広かった。行動力に加え、好奇心が強い人物でもある。きな臭い話を好む気さくな性格で妙に馬が合った。一方で、私には高田の情報を思うように記事にできない負い目など、いくつもの返すべき〝借り〟があった。そんな折の着信では私の心情を読み取ったかのように、念を押された。

「不動産業に関わる者として、この手の話は許せないんですよ」

電話越しの高田は、いつにも増して興奮気味な口調だった。

高田が語る〝とんでもない〟マンションの名称は、「秀和幡ヶ谷レジデンス」という。

秀和レジデンスは、ヴィンテージマンション界隈では広く知られた存在でもある。青い瓦屋根に、白のうろこ塗り壁、鉄製柵のある建築は〝南欧風〟とも言われ、根強い人気を誇るシリーズのマンションだ。秀和の名前は知らずとも、特徴的な外観を記憶している都内在住者も多いのではないか。

1964年、東京五輪の年に竣工した「秀和南青山レジデンス」を皮切りに、70年代の高度経済成長期に全国に広がっていった。全国134棟のうち、東京23区内には実に107の秀和マンションが現存し、多くが駅近の好立地に構えている。早い話が、そのデザイン性や利便性から熱烈なファンを持つマンションシリーズというわけだ。

幡ヶ谷にしても、新宿駅からはわずか2駅。京王線の幡ヶ谷駅から徒歩4分と、抜群のアクセスを誇る。約300戸に及ぶ巨大マンションである幡ヶ谷は、秀和シリーズの中でもとりわけ大型であることでも知られていた。

話を聞き進めると、高田はマンションの区分所有者の一人と顔見知りだった。そして、度々その管理体制について相談を受けていた。あまりに〝異常な〟管理体制に住民と管理組合の間で度重なるトラブルが勃発《ぼっぱつ》し、怪文書まで飛び交う事態になっている、と。

住民たちは警察や消防署、都議会議員や弁護士、行政などあらゆる機関にも相談したが、まともに取り合ってくれないのだという。そこで、マンションの住民や管理組合に取材して記事を書いてほしい、というのが高田からの用件だった。

正直なところ、あまり気乗りしなかった。住民が相談した機関と同様に、民事不介入の原則により、刑事事件にも民事訴訟ともなっていない事案を扱うことに大なり小なりリスクを感じたからだ。特に私のように、雑誌やウェブを主戦場とする末席のライターにとっては、なおさらである。そして、当時熱心に取材していたスルガ銀行のような全国規模のニュースと比べると、どうしても地味で、スケールが小さいという印象を抱いた面もある。

実際、仕事を頻繁に共にしていた講談社の編集者である野崎英彦《のざきひでひこ》に相談すると、こんな答えが返ってきた。

「刑事事件になっているわけでもなく、大きな裁判にもなってないなら記事化は難しいかもしれませんね」

しかし、日を追うごとに高田の話が頭から離れなくなった。取材者としての勘と言うべきか、後ろ髪を引かれるようなものを感じていたのかもしれない。さんざん情報を提供してもらった高田への借りを返す意味も込めて、住民と会う約束を取りつけた。20年の梅雨《つゆ》時期のことだ。のちに私は、自身の見識の狭さを酷《ひど》く恥じることになる——。


新宿駅から徒歩7分ほどに位置する、某オフィスビル。不動産関係の事業者がテナントに入るワンフロアは、18時を過ぎても人の出入りが激しかった。通された個室で初めて顔を合わせた住民の佐藤彰《さとうあきら》(42)から聞かされたのは、耳を疑うような話だった。

「マンションには54台もの防犯カメラが設置されており、住民は24時間行動を監視されています。自由とはほど遠い生活を余儀なくされているのです。まるで、独裁国家で暮らしているような。理事長を筆頭とした特定の理事たちが、過半数の委任状を盾に総会での議決権を独占し、やりたい放題やっている。そして、管理規約にない自分たちが定めた謎ルールをどんどん追加していった。もはや住民の怒りは限界まで来ている。ただし、もうこれ以上どうしていいのか分からないのです……」

佐藤の話では、18年に何の前触れもなく実行された約1・67倍の管理費値上げを発端に、一部の住民たちは理事会に不信感を抱いた。総会で意図を問うべく質疑をしてもはぐらかされるばかりで、一向に明確な理由は明かされない。それどころか、質問者に対して人格攻撃ともとれる発言があったという。以降、義憤に駆られた有志の区分所有者たちが立ち上がり、住民運動を展開しているというのだ。

佐藤は理路整然と経緯を説明しながらも、時折怒りをにじませた。詳しくは後述するが、この日、語られた事例には以下のようなものがある。

・身内や知人を宿泊させると転入出費用として10、000円を請求された
・平日17時以降、土日は介護事業者やベビーシッターが出入りできない
・夜間、心臓の痛みを覚えて救急車を呼ぶも、管理室と連絡が取れず、救急隊が入室できなかった
・給湯器はバランス釜※のみで、浴室工事は事実上不可
・「UberEats」などの配達員の入館を拒否される
・購入した部屋を賃貸として貸し出そうとすると、外国人や高齢者はダメだと、管理組合

※バランス釜：浴槽設置型の風呂釜

から理不尽な条件をつきつけられた
・マンション購入の際も管理組合と面接があった
・引っ越しの際の荷物をチェックされる

「何とかなりませんかね」

佐藤が住民の窮状を訴え続けること2時間。内容もさることながら、その熱量と険しい表情が印象に残った。


帰宅後、秀和幡ヶ谷レジデンスをネットの検索エンジンにかけると、関連ワードに「やばい」「北朝鮮」「理事長」などの言葉がパソコン画面に表示された。SNS上でも被害を訴える声が溢《あふ》れ、不動産サイトには辛辣《しんらつ》な数々の口コミが書き込まれている。そして、何よりも付近の相場よりも格段に安価で部屋が売りに出されていることが目についた。

試しに他の秀和シリーズのマンションも検索してみたが、そちらの相場や評価はごく一般的なものだった。つまり、幡ヶ谷だけが明らかに常軌を逸した〝何か〟を感じさせる。これなら「仕事」になるかもしれない。

後日、編集者の野崎に概要をまとめて連絡したところ、電話越しに声を弾ませた。

「これは何かありそうですね。ぜひ取材してみて下さい」

こうして、写真週刊誌「ＦＲＩＤＡＹ」の２０２０年8月14日発売号に記事が掲載される。そこには、

「渋谷区の一等地マンションで　住民vs.管理組合の信じられないトラブルが勃発中」

というタイトルがついた。

わずか2ページの記事ではあったが、10人以上の住民や元住民、不動産関係者や弁護士など、10日あまりで、合わせて20人近くの取材を行った。そして、管理組合の理事長を張り込み、直撃取材し、管理組合にもその見解を問うことになる。

取材を重ねるうちに、地味だった第一印象はすっかり消えていた。最も興味を引かれたのが、住民と管理組合側が感情を剝《む》きだしにして対立していた点だった。こういう感情のせめぎ合う案件や場には〝何か〟がある。日に日にこのマンションにのめり込んでいった。

メディアでは初露出だったこともあり、記事には方々から反響があった。後にワイドショーやネットメディア等でも取り上げられるなど、特に不動産業界からは好意的な声が寄せられた。ただし、そこで取り上げられるのはトラブルや謎ルールばかりで、住民たちの問題は一向に解決していなかった。

その後も、取材をした住民たちからは時折現状を知らせる連絡が届いた。それでも、日々のニュースを追いかけていくうちに、いつしかこのマンションのことを思い返す機会

はなくなっていた。

しかし、住民たちの根強い活動は静かに続けられていた——。


本書で描いたのは、約30年にわたって管理組合を私物化してきた一部の理事たちと、マンションの民主化を願う住民たちとの1200日に及ぶ闘争の一部始終である。

現在の日本では築50年以上のマンションが増加し、マンション管理の問題がメディアを騒がせるようになって久しい。しかし、ほぼ100%に近い確率で、区分所有者が管理組合を打ち負かしたケースはない。これは、どんな専門家に聞いても一致している。それほど、管理組合の理事会と住民の力関係は法律上ではっきりしているからだ。

マンション管理の係争を多く担当する桃尾俊明《ももおとしあき》弁護士は、後に住民側の顧問弁護士として管理組合と争うことになる。桃尾は30近いマンションの管理組合の顧問も務める、マンション管理の専門家だ。しかし、そんな桃尾でも、住民が闘うことの難しさを次のように説明するのだった。

「マンション管理に苦しむ相談者は少なくありません。ただ、私はその9割以上の人に『売ってしまう方が早いです』とアドバイスします。現行法では、一定数の委任状を確保できないと土俵に立つことすら難しいためです。つまり、住民が管理組合と闘うことはそれほどハードルが高く、住民側が勝利したケースはかなり少ない」

その上で、桃尾は続けるのだった。

「1票でも相手に勝てば官軍。負ければゼロ。マンション自治の世界は政治と同じなんです」

マンションの民主化を目指す有志の会は、ある時期から「秀和幡ヶ谷レジデンスをより良くする会」と名乗るようになる。そこに集まったメンバーたちは、理事長を交代させ、「適切なマンション管理を取り戻す」という目的を共有し、結束を深めていった。

しかし、その面々は、購入時期も違えば、年齢、職業、経済状況も異なる。闘い方についての主張にも温度差があった。それゆえに、会を去っていった人もいた。

決して平坦な道のりではなかった。

これは、ある住民たちの長きにわたる闘いの記録である。

第1章

立ち上がる住民たち

「長年染みついた意識や恐怖は変わらない。
問題の本質は、
考えていた以上に根深いものでした」

「秀和レジデンス」はただのマンションシリーズにあらず

〝マンションといえば秀和〟

かつて、そう呼ばれた時代があった。

まだ日本に、マンションが資産であるという概念もなかった、1957年。後に「秀和レジデンス」シリーズを展開する株式会社秀和を、創業者の小林茂が設立した。62年に区分所有法が制定されると、マンション購入は庶民にとっても一般的なものになる。秀和レジデンスは、南欧風のデザインと、都心部の好立地の高層マンションという利点を前面に出し、次々と着工されていく。時代は、第一次マンションブームに重なっていた。当時を知る不動産会社代表がこう語る。

「今なお不動産業界の中で秀和レジデンスの認知度が高いのは、売り手である私たちに〝秀和ファン〟が多かったことも背景にあります。特に青い瓦屋根に、白の外壁という見たこともないデザイン性の高さには心底驚かされた。マンションといえば秀和、という表現が大袈裟《おおげさ》でないほど先進的だったのです」

その後、秀和レジデンスは64年から2000年にかけて134棟が建てられた。わずか5人の従業員でスタートした秀和は軌道に乗り、都心部でのオフィスビルの設立で莫大な財を成す。小林が88年には長者番付で世界3位になったことも、その勢いを示している。だが、「昭和の不動産王」とも称された創業者の最大の功績は、実は別にある。

秀和シリーズが大きな役割を果たした点、それは、小林が「住宅ローン制度」と「管理組合」という仕組みを考案したことだ。『秀和レジデンス図鑑』（谷島香奈子、ｈａｃｏ著）の中で、ノンフィクション作家の中原一歩《なかはらいっぽ》は、小林のこんな言葉を紹介している。

「買った時は白亜の殿堂であっても、何年か経つと面影が失われてしまう。壁は剝《は》がれ落ち、水漏れがし、無断駐車、放置自転車が散乱し、マンションのスラム化が進む。ヨーロッパの高層住宅が３００年も使用に耐えるというのは、管理が行き届いているからだ。ヨーロッパほどはないとしても、すばらしいマンションを維持するには管理次第ということである」

小林は、銀行と話し合いを重ねた末に、会社員が月々の給与で購入できる制度の導入に腐心した。これは、日本初の試みであり、現代にも通じる「住宅ローン」の始まりとされている。さらに購入したマンションを健全に維持するための「管理組合」の概念を提唱したのだ。

つまり秀和レジデンスは単なる一時代を席巻しただけのシリーズではなく、マンションという概念自体を日本に浸透させる役割も担ったといえるのだ。

そんな時代から約60年。当時の購入者たちも年齢を重ねた。当然のように秀和レジデンスも「高齢化」が目立つようになった。日本中の築古《ちくふる》マンションと同じように、幡ヶ谷の高齢者たちもマンション自治への関心が薄れていった。そして、管理組合の概念を生み出した「秀和シリーズ」において、管理組合を発端とした住民とのトラブルが勃発したのだった――。

平和なマンション生活は30年前に一変

秀和幡ヶ谷レジデンスの竣工は1974年のこと。遠目からでもひときわ目立つ、地上10階建て、300戸の大型マンションである。

世界で最も乗降客数が多い「新宿駅」から京王新線でわずか3分。週末の昼下がり、京王線「幡ヶ谷駅」からマンションへ向かう道中では子どもを連れた多くの夫婦とすれ違う。マンションの脇にある公園では、夕方になると子どもたちの遊び声が響いていた。そんな様子を傍目《はため》に初老の男性が読書に勤《いそ》しんでいる。

信号を挟んで商店街の方に向かうと、チェーンの飲食店が幅を利かせて賑《にぎ》わっている。

秀和幡ヶ谷レジデンス外観

その一方で、個人店の数の多さも街の特色で、洒落《しゃれ》たカフェやパン屋、洋食店では列を成す人々もいた。

昼飲みが可能な赤ちょうちんの店を覗《のぞ》くと、若者たちが上機嫌に杯を交わす姿があった。それでも、一つ通りを外れると閑静な住宅街が姿を現す。豪邸もあれば、古い木造住宅も紛《まぎ》れている。

今井喬子《いまいたかこ》は、秀和幡ヶ谷の住民としてそんな街の変化をつぶさに見てきた。今年で90歳を迎えて足腰は衰えたが、こちらが驚くほどマンションの歴史や人名、過去の会話をはっきりと記憶している。

薬剤関係の仕事をしていた今井がこのマンションを購入したのは、売りに出された年の暮れだった。居住して約50年。

今では最古参の一人となり、秀和幡ヶ谷の歴史を最も深く知る人物でもある。

「昔なじみの友人は、みんなマンションを出ていくか、もうすでに亡くなってしまったんです。ここに至るまで本当にいろいろありましたから」

今井が近くの街から移り住んだ当初、幡ヶ谷は今よりもずっと庶民派の街で、住民同士の繋がりも深かった。夏祭りなどの際には、住民同士が肩を寄せ合い、一気に距離が縮まった。そんな下町要素がある街を今井自身も好んだ。マンションでの生活も大きな問題がなく、快適に過ごせていたという。

そんな様相が一変したのが、約30年前だった。管理組合の理事長に、吉野隆《よしのたかし》(仮名・以下同)が就任したことが契機となった。以降、今井は25年間にわたり理事長の椅子に座り続けた吉野や、同じくメンバーが固定された理事たちと壮絶な舌戦を繰り広げる日々を余儀なくされる。

吉野理事長が就任当初は、特に住民間でトラブルの声は聞こえてこなかった。しかし、20年ほど前に排水管工事の実施がアナウンスされたことで住民の間に疑念の声が上がっていく。5億円規模の大工事にもかかわらず、工事業者は指定され、見積もりは1社のみだったという。これに対して、住民側には相見積《あいみつ》もりをとるべきだ、という意見も根強かった。これまで積み立ててきた修繕積立金に加え、1世帯あたり30万円程度の追加の支払金が生じたことも、納得できない要因となっていた。今井が当時の様子をこう回顧する。

「理事長からは相見積もりがとれなかった、と説明されました。ですが、その理由は何度聞いても出てこないのです。その態度に対して憤りを感じた住民たちは少なくなかった」

不信感は日増しに強まっていき、管理組合への不満へと繋がっていく。ある男性住民が反・管理組合の声を上げたことで、「友の会」という住民団体としての活動が始まった。

今井は当初、「友の会」の活動が成功するとは思っていなかった。それでも、マンション自治への関心を持った住民は予想以上に多かった。

排水管工事を含んだマンション自治を総合的に考えることを目的として作られたプロジェクトチームの輪は、広がっていく。メンバーに、一級建築士や不動産業で働く人、メディア関係者も参加したことが活動に拍車をかけた。すぐに20名ほどの活動者が集まり、定期的に集会を開いた。今井も会の議事録などの記録係として、会と管理組合の攻防を見守っていた。

そんな様子を察してか、理事長を含む理事も時折「友の会」の集会に顔を出すようになる。落とし所がないかを話し合うこともあったという。今井がこうも証言する。

「当時の理事長は一定の許容する心があったと思います。私たちの意見にも耳を傾けようとする姿勢もあった。だからこちらの要望に対して折れた面もあるのです」

「友の会」の強い主張もあり、別の工事業者から相見積もりをとることになった。そこで上がってきた見積もりは指定業者よりも3割ほど安価な金額だった。工事費用は、修繕積立金と銀行からの借入金で賄う方向で調整された。話し合いを重ねた末、住民から集める予定だった金額も当初の予定から半額以下となったという。

結果的に、「友の会」の活動は実り、管理組合側が主張を変えた形となったのだ。それでも、今井は吉野理事長のどこか不満そうな表情が、強く記憶に残っていた――。

「友の会」を蝕んだ小さな嫌がらせ

桜井悌子《さくらいていこ》(81)は、1977年に区分所有者としてマンションを購入すると、以降は家族と共に長い時間を過ごしてきた。「友の会」に途中から加入している。

当初は大規模修繕の話も噂適度でしか耳にしていなかった。だが、ふとした住民同士の会話を期に、管理組合との紛争を知った。

「民主的とは到底いえない理事長のやり方は絶対におかしい。詳細を聞いて激昂《げきこう》して、すぐに会に加入しました」

以降、桜井は「友の会」や後の有志の会、自治会で重要な役割を担っていくことになる。それには、過去の苦い経験が大きく影響していた。

大規模修繕の事案が落ち着くと、次第に「友の会」の活動は減少していった。だが、当時活動に加わった人たちは、次第に住みづらさを感じるようになっていた。桜井がこう振り返る。

「『友の会』のメンバーは、マンションの中で嫌がらせを受けるようになっていきました。理事のメンバーと出くわすと、ちょっとした嫌味を言われたり、変な噂を流されたり、といった類のものです。私が怒りを覚えたのは、人を見てそれを実施していたこと。文句を言う人には手を出さず、気が弱い人には強く当たる。酷い例だと、メンバーの一人が亡くなると、残った奥さんは『あんたの旦那に反対されて工事ができなかった。一生恨み続けるからな』などと理事の一人に凄《すご》まれたといいます。その奥さんは『自分だけこんな目に遭うのはおかしい。もう関わりたくない』と仰《おっしゃ》られて、『友の会』にも怒っていた。次第に総会にも顔を出さなくなりました」

マンション内でのちょっとした嫌がらせについては、取材中も多くの証言が集まった。その大半は管理人から小言を言われたり、必要以上に当たりがキツくなる、回覧板が回されない、その住人に関する知人の出入りが厳しく管理されたりするような類のものだった。

一つひとつは小さなダメージだ。それでも確実に「友の会」に参加したメンバーは蝕《むしば》まれていった。

秀和幡ヶ谷レジデンスは、理事会のメンバーが25年近く大きく変わらなかった。当然、それは大多数の住民たちの無関心の結果だが、一方で同情の余地もある。理事会に反対すると住みづらくなる、と知れ渡っていたからだ。

誰であれ、大金を叩《はた》いて購入したマンションでのトラブルは避けたいのが本音だろう。仮に勇気を持って声を上げたとて、自らの生活にダメージとして返ってくるのであれば、なおさらだ。桜井が明かす。

「マンションでは65歳以上の高齢者が占める割合が多い。そういった方々は長年この生活に慣れているため、変化を望んでいない方もいました。理事会の運営やルールを知らないという方も少なくなかった。規約も告知されることなく、気がついたら変わっていたということもあり、周知されていないこともあったのです。つまり、大半の人は知らないか、〝我慢するしかない〟と諦めていたとも言えます」

最も象徴的なのは、年に1度開催される総会だった。秀和幡ヶ谷レジデンスでは、変則的な出来事がない限り、ほとんど毎年2月に総会が開催されてきた。平日の夕方から2時間程度。勤め人にとっては参加がなかなか難しい時間帯である。それもあってか、総会の参加は毎年20人程度、多い時でも30人を超えるようなことはほとんどなかったという。

また、ほとんど決定事項の発表のみで、意見を述べようものなら、怒声交じりに糾弾《きゅうだん》されたという。今井の回想。

「理事長のやり方に反発していた横田さん(仮名)という男性に誘われて総会に初めて参加したのが、大規模修繕工事の少し前。参加して驚いたのは、管理組合法人が工事のために、『銀行でローンを組んだため積立金の微収額を上げた。ローンの支払いが終われば金額は元に戻す』という重要な報告がサラッと行われていたことです。異議を申し立てても、『過半数の委任状がある。賛同を得ている』の繰り返しで議論にすらならない。当然、参加者からは反対意見や理由を求める声が上がりましたが、総会の報告書を見ると記載がない。まるで何事もなかったかのように事が進んでいるわけです」

桜井もまた、初めて総会に参加した日のことを鮮明に記憶している。

「総会参加者から、『自分の目で総会の様子を見てみてほしい』と進言があった。実際に参加してみると、理事会に反対意見を言った人間に対して人格否定ともとれる罵詈雑言《ばりぞうごん》の数々が繰り広げられていました。その様子から、『これは本当に日本国で行われている出来事なのか』とすら感じたのです。それでも当初は理事長もまだ住民の意見を聞く姿勢は見せていた。反対者を威圧するようなやり方がまかり通ったことで年々、独裁色が強くなり総会は酷くなっていきました」

「秀和住民」内に流れる良からぬ噂

こういった幡ヶ谷の話は、別の秀和シリーズの住民の耳にも入っていた。直線距離で2㎞と離れていない、秀和参宮橋《さんぐうばし》レジデンス（渋谷区代々木《よよぎ》）だ。

居住者の一人、石田美家子《いしだみやこ》(75)は、秀和参宮橋レジデンスを購入して約20年が経つ。代々木4丁目の同じ町内に住んでいたこともあり、花と緑に彩られた白壁のマンションに長年惹《ひ》かれていた。偶然売りに出ているのを確認すると、内見もせずに50平米の1室を即時購入した。

今でもその判断は間違っていなかった、と石田は考えている。その理由の一つが、何よりも住み心地の良さであった。

石田に屋上に案内してもらうと、東京の街並が一望できた。神宮の花火大会などの祭事には屋上が住人に開放されるなど、区分所有者の交流も深かった、と石田は明かす。そんな空気感を好み、マンション自治にも積極的に参加した。推薦されて理事を2期、理事長を1期務めた。

もう一つの理由が、資産としての価値だ。購入時と比較して、現在の市場価格は数百万円単位で上昇している。これは昨今の東京における不動産バブルの影響も大きい。特に渋谷区代々木のような一等地では、築60年近いマンションでも値上がり傾向にあった。ところが、なぜか近所の秀和幡ヶ谷は資産価値が下がっていた。そんな状況を石田も多少は知っていたが、そこまで気に留めることはなかったという。

しかし、ある日出入り業者を通して幡ヶ谷の状況を確認する機会があった。

「管理会社が幡ヶ谷と参宮橋とを兼務している時期があったんです。そこで管理人から、幡ヶ谷の管理がおかしい、と聞きました。人の出入りを異常に厳しくチェックしているとか、不動産や工事などの出入り業者とのトラブルが頻発している、と」

理事長を務めていた関係もあり、石田には幡ヶ谷に住む知人がいた。連絡をとってみると、やはり管理人から聞いたように苦しんでいると、か細い声で打ち明けられた。その実情を自分の目で確かめるべく幡ヶ谷まで足を運んだが、花や緑も少なく、無機質な印象を受けた。何よりもマンションが持つ〝温度〟のようなものが感じられず、そのことは、どこか石田の気持ちを沈ませた。

理事長として熱心に活動を続けてきた石田だからこそ、幡ヶ谷の状況は長らく心の奥底に引っかかっていた。しかし、区分所有者でもない人間にできることがないことも理解していた。

ところが、偶然にも幡ヶ谷の区分所有者が参宮橋に居住していることを知る。それが秀和シリーズの熱烈なファンであり、21年間もの間、賃貸で参宮橋に居住していた手島香納芽（10ページ）だった。

石田と手島は、もともとは同じマンションの住人同士の域を出る付き合いはなかったという。時折敷地内で出会うと世間話を交わす程度の間柄だった。そんな関係に変化が生まれたのは、手島が秀和幡ヶ谷のマンションを所有していると知ったことがきっかけだった。石田は手島に幡ヶ谷の状況を説明した。深い意図はなかった。だが、この時交わした何気ない会話が、秀和幡ヶ谷レジデンスの運命を動かすことになる。


手島が秀和幡ヶ谷レジデンスを購入したのは2003年。60平米以上の広さ、全室リフォーム、かつ3000万円代前半という価格は掘出し物件に思えた。不動産屋からはいくつか提案がある中、渋る夫の反対も押し切り、手島の強い意志で購入に至ったという。同じマンションシリーズである参宮橋で過ごした〝良き記憶〟も後押しした。

当初は購入後すぐに幡ヶ谷に移り住む予定だったが、一人娘の住環境を重視して参宮橋に住み続けた。幡ヶ谷は賃貸オーナーとして保有していた。つまり、外部オーナーとして幡ヶ谷の状況を深く知る機会は限られていた。総会の案内にも目を通すこともなければ、参加を検討したことも一度もなかった。

それでも、一度借り主から管理組合との間で小競《こぜ》り合いがあったことは耳にしていた。

石田から聞いた話も気がかりだった。18年2月。手島は秀和幡ヶ谷レジデンスの総会への参加を決めた。

「友の会」なきあと強まる独裁

秀和幡ヶ谷の管理組合は、「友の会」なきあと、一層独裁化の傾向が強まっていた。今井は、その被害を直接的に受けていた。

夜中に突然心臓に強い痛みを感じ、動悸が激しくなり、救急車を呼んだことがある。だが、いつまで経っても救急隊はやって来ない。不審に思ったが、その場を動くことができなかった。

ずいぶん経ってから、ようやく救急隊が今井の部屋に到着した。そこで、管理室への連絡手段がなく、救急隊がマンション内に入れなかったことを知った。偶然帰宅した住民のタッチキーで救急隊は入館できたが、もし帰宅のタイミングが合わなければ、命に関わる事態になっていたかもしれない。

後日、今井は再発防止のために管理室に繋がるインターホンの設置を提案した。だが、管理組合からは「ピーピー鳴らすいたずらが増えるだけ。不要!!」と一蹴された。

こんな話もある。今井は、足腰の問題から介護ヘルパーを頼んでいたが、17年頃を境に急に訪問者などの立ち入りが厳しくなっていったという。

〝後付け〟のルールは、ヘルパーや宅配業者にも適用された。ヘルパーは平日17時以降と、土日祝日は入館禁止だと宣言された。当時の今井は、ヘルパーがいないと買い物もできないため、必死に交渉した。それでも、組合は「ルールですから」の一点張りだった。今井は、長年住んできて、そんなルールは見たことも聞いたこともなかった。

2011年の東日本大震災後にも一悶着《ひともんちゃく》があった。耐震性に不安を抱えていた今井や一部の住人が、理事の一人に耐震補強の必要性を訴えたことがある。しかし、「どれだけ金がかかるか分かっているんですか」「あなたにそのお金が払えるんですか?」とまるで相手にされなかった。食い下がり、せめて理事会で議論してほしい、と伝えたが意に介す様子はなかったという。

住み込みの管理人として働いていた夫婦が、今井に相談を持ちかけてきたこともあった。そこで、今井は改めて理事会のいびつさを痛感した。

「朝の4時に起きて掃除をして、夜は理事長が帰宅するまで待っていないと怒られるというんです。住み込みとはいえ、毎日ヘトヘトになるほどの働き方を強いられている、と。労働基準監督署にも駆け込んだが、理事長が辞めさせてくれない、と困り果てた表情で訴えていたのです。そして、親族が区分所有者であるため、『辞めると家族がイジメられるから辞められない』と私に打ち明けていた。驚いたのは、そこまで尽くしてきた管理人夫婦の退職理由として、理事会の報告書の中では『夫婦喧嘩が絶えなかった』という記載があったことでした」

この夫婦は10年ほど前に管理人を辞している。その後、同じく住み込みの管理人が駐在することになった。この管理人の大山透《おおやまとおる》氏（仮名）は、後に住民や出入り業者と何度も警察沙汰のトラブルを起こすことになる……。

理事会は2017年からは、一時的な自主管理へ移行している。多くのマンションは、管理全般をマンション管理を専門とする会社に委託するのが一般的だ。秀和幡ヶ谷レジデンスでも、形式上は管理会社は置いていたが、主に管理組合の自主管理が行われるようになっていた。このことも、理事たちの〝独裁〟に拍車をかける要因となっていた。

この頃になると、吉野理事長は住民の声に耳を傾ける素振《そぶ》りすら見せなくなっていた。だからこそ、今井は理事会の矛盾を必死に訴え続けてきた面もある。ところが、大多数の住民は今井の意見を聞き入れない。その背景については複雑な表情を滲ませながら、こう説明した。

「副理事長が近くでは有名な病院の小児科医でした。彼が理事長の行動をある程度制限していた面もあり、それが住民の信頼にも繋がっていた。『偉い先生がそんなめちゃくちゃを許すわけないじゃない』というふうに、私が何を言っても届かないわけです。事情を知らない多くの住民からすれば、社会的な地位があるお医者さんと、高齢女性が言うことの信頼性に違いがありました」

住民からの理解も得られず、むしろ自分が悪者のように扱われる――。桜井も今井も、理事会に対して立ち向かう気力が次第に削《そ》がれていった。その一方で、ほんのわずかではあったが、こんな祈りにも似た希望も失ってはいなかった。

「今は無駄でも、活動を続けることで強力な味方がいつか現れるのではないか」

「過半数」を盾に総会で繰り広げられる横暴

18年2月21日に開催された総会は、秀和幡ヶ谷レジデンスの歴史において分水嶺《ぶんすいれい》となる。今井は体調を崩し、何年かぶりに総会を欠席していた。参加した桜井にとっても、この日も毎年となんら変わらぬ見慣れた総会でしかないはずだった。

開会時刻の17時の少し前に席につき、ぼんやりと進行していく様子を眺めていた。序盤ではいつものように住民たちの意見を遮《さえぎ》るように、理事長が金切り声で怒鳴っている。反対意見は軒並み排除されていく。

ところが、中盤に差し掛かる頃、あることに気づいた。発言者の声に聞き覚えがない。そこで改めて会場を見渡して、例年とは異なる面々が参加していることに気づいた。それも1人や2人ではない。

「毎年の総会と比べると、明らかに声を上げる人の熱量が違ったんです。参加している住民たちが、本気で理事会に対して抗議しているのが感じ取れた。何かが変わるかもしれないと感じました」

毎年の通常総会と今回（18年）では明確な違いがあった。約30年ぶりに管理費の増額が可決されたことだった。それも、1・67倍と決して小さな上昇ではない。独自ルールや住みづらさには黙認していた住人たちも、毎月の持ち出しが増えることは良しとしなかったのだ。住民たちの怒りは爆発していた。

さらに怒りの火に油を注いだのが、「なぜ管理費が上がるのか」という住民の問いに対して、理事会が明確な答えを用意できなかったことだ。

「値上げの理由をきちんと説明して下さい!!」

と住民が声を上げれば、

「あなたはダメな区分所有者だ」

「規約違反者だ」

と理事長が強く叱責する。質問者に対して理事長による人格攻撃ともとれる発言も相次ぐ。と理事長が強く叱責する。

しかし肝心の値上げの理由は、人件費の高騰ということしか明示されなかった。どこの人件費が高騰しているのかと尋ねると、理事会は言葉に詰まった。

こんなやり取りが何往復も繰り広げられ、会場は次第に混沌とした空気になっていた。

住宅設計事務所で働く佐藤彰は、この年、初めて総会に参加した。2016年に賃貸契約を結び、妻と子どもと共に秀和幡ヶ谷レジデンスに住み始めた。違和感は当初から少なからず感じていた、と佐藤は記憶をたどる。

アウトドアの趣味を持つ佐藤は、休日にはサーフィンやスケートボードに興じることが仕事への活力となっていた。引っ越しの当日、スケートボードが搬入される際に管理人から突然呼び止められた。

「これは持ち込み禁止だから」

不動産会社で働いた過去もある佐藤は、事前に持ち込み可能な所有物を確かめていた。特に大型のアウトドア用品については、これまでの経験から、事前に確認する習慣もついていた。しかし、管理人からは執拗《しつよう》に注意を受け、その日持ち込むことが認められなかったという。

さらに佐藤が気がかりだったのが、なぜか管理人の大山氏が搬入中も運び込まれる荷物を全て確認するようにその場から離れようとしなかったことだ。

「ダメだ！　認められない！　ルールだから！　と、ずっと言い続けているわけです。こちらが解決策を見つけるために会話をしようにも、成り立たない。私からすると、禁止であることも知らないから、『なんのこっちゃ』という状態でした」

早々に面食らった形だが、ぐっと言葉を呑み込んだ。管理人の存在は気になったが、賃貸で住み続けているうちは大きなトラブルに発展したことはなかったという。

住み始めて1年が経った頃、会社から独立し、設計士として個人事務所を持つなど変化が生まれていた。渋谷区の一等地という環境は育児をする上でも魅力に映っていた。そこで賃貸ではなく、思い切って35年ローンで購入することにしたのだ。

17年の秋、佐藤は秀和幡ヶ谷レジデンスの区分所有者となった。賃貸として過ごしていたこともあってか、すんなりと売買契約は進んでいった。

購入して半年が過ぎた頃、マンション内の告知で総会の開催を知る。不動産業界を知る佐藤にとって、総会への参加は区分所有者の当たり前の権利であり、可能な限り出席すべきだと考えていた。初年度から管理費が値上げされる、という事柄にも引っかかりを覚えた。佐藤の場合、毎月1万円ほど負担額が増加する計算になる。一家を代表して、総会の行く末を見守るべきだと判断した。

「これまで見てきた総会とは全く違う」

それが、佐藤の第一印象だった。仕事柄、他マンションの総会の事情を知っていたが、このマンションでは様相が違っていた。

反対意見が出ようが、議論が行われようが全く関係ない。

「委任状で過半数が集まっている」

「多数決でいうと、こちらが強い」

といった具合に、管理組合側の意見だけが押し通されていった。何より佐藤が憤りを感じたのが、理事長の横暴な言動だった。

「何を言おうとも『私たちはこれまでこのスタンスでやってきたんだ』という言動は終始一貫していました。恐怖を感じたのが、自分たちが言っていることが少しも間違っていない、という確固たる態度だったことです。まるで自分たちと住民の間には、力関係が存在するというような自信すら感じました」

管理費の値上げについてはまともな議論がされることを期待した。ところが、管理費の値上げの議案ではむしろ、より攻撃的に住民への批判が展開されたのだった。

「これだけ人の話を聞かない奴らがいるのか」

総会の最中、佐藤は思わずそう呟《つぶや》いていた。

佐藤のように憤慨する者もいれば、理事会の〝暴挙〟を静観する者もいた。この日、初めて総会に参加していた手島である。手島も同様に、管理費の値上げが幡ヶ谷に足を運んだ最大の理由だった。

当時はまだ参宮橋に住んでいたが、将来的には幡ヶ谷に移住することを見越していた。賃借人への説明のためもあるが、オーナーとして管理組合の動向を知る必要もあった。

総会の議題は目まぐるしく入れ替わった。開会後早々に、不動産会社が出入り禁止になったという事案に対して説明がなされる。ある外部オーナーが、大手の不動産会社を利用して売却しようとしたことに対し、理事会の批判が飛び交っていた。全く知識がなかった手島ですら、管理組合の体質に疑念を抱いた。

怒れる住民たちの結束の萌芽

この管理組合はおかしい――。手島の疑惑が確信に変わったのは、理事たちが理事長を擁護する必死な姿を目のあたりにした時だった。

「収まりがつかない住民に対して、『あなたたちは理事長がどれだけ働いているか分からないのか』と監事が大声を出したのです。その様子が本当に恐怖でした。理事長を心の底から崇拝《すうはい》し、陶酔しているようにしか映らなかった。カルト集団と錯覚するような異常な結びつきの強さでした」

手島をさらに驚愕させたのは、管理費の値上げについて決を取る際の言動だった。

「理事の一人が委任状を見せびらかして、『私どもは、このマンションにとって一番最適なことをやっているんです』と」

圧倒された手島は、何度も腕時計に目を向けた。2時間の予定の総会は、3時間を超えている。ようやく総会が幕を閉じると、深いため息をついた。

「なんだこの総会は。北朝鮮かよ!!」

理事たちが退席するすんでのところで、住民からはこんな罵声《ばせい》が飛んだ。

会場内には余韻《よいん》がまだ残っていた。少なくとも、一部の住民たちにとっては、とても納得がいく総会ではなかったからだ。心に残ったモヤモヤは誰しもが感じていた。心なしか、帰路につく足取りも重い。

そんな中、投資目的で秀和幡ヶ谷レジデンスを購入したある男性オーナーが、沈黙を破った。

「このままでは帰れませんよね。よければみなさんで情報共有しませんか」

一人、また一人とこの提案に応じる者が出てきた。手島も、佐藤も考える間もなく、首を縦に振った。桜井も同じだった。この日、8名の参加者が会場からほど近い大手珈琲チェーン店で顔を合わせることになる。

参加者の面々は、大半が初めて総会に参加する者だった。

「いつも総会はあんな様子なのか」

「理事たちの人となりはどんなものか」

「こんな形で値上げが決まるのはおかしい」

議論は次第に熱を帯びていく。手島や佐藤のように初参加の面々が、桜井のような常連組に質問を投げかけていく時間が続いた。その中で理事たちの横暴は、決して総会だけではなかったことを知る。手島が振り返る。

「総会の振り返りから始まり、1時間が経つ頃には住民がどんな不利益を被っているのかという話題になった。そこで、数々の謎ルールが明らかになっていった。桜井さんたちの口から、どんどん常軌を逸した決まり事が出てくるのです」

この日実際に出てきた謎ルールには、以下のようなものがあった。

——非常口が施錠されていて外に出られない
——人を泊めたら後日管理人からお金を請求された
——部屋の点検に来ていた外部オーナーが17時を過ぎたことを理由に追い出された
——デイケアサービスの人が17時を過ぎると出入りできない
——引っ越しの際に搬入物が持ち込みを拒否された

当初は短時間で雑談をする程度のつもりが、気がつけば2時間半が経過していた。総会とは打って変わり、鬱憤《うっぷん》がたまった住民たちの発言は止まらない。まだまだ話し足りない、と佐藤は考えていた。

「みんなの話を聞き、こんなマンションは日本中探してもないのでは、と感じたのです。自分の生活や家族を守るため、理事長や理事を辞めさせる必要がある、とも決意した。今後も定期的に集まろう、という方向にまとまっていきました」

店を出ると、外はすっかり暗くなっていた。快晴だった日中の影響もあってか、いつもより街の輪郭がクリアに見えた。2月のひりつくような寒さも不思議と感じない。

桜井はマンションへ帰宅する5分ほどの道中で、入院中の今井に思いを馳せた。たった2人で対抗し、共有してきた長い時間は、彼女にとっては特別なものだったからだ。周囲の居酒屋や中華料理屋からは、酔客たちの陽気な声が聞こえてくる。見慣れたはずの通りが、この日はいくぶん違って映った。

「幡ヶ谷はこんなに活気がある街だったのか」

長年忘れていた感覚を、桜井はただただ噛《か》みしめていた。

具体策とリーダーの不在で活動が停滞する

総会のあと意気投合した住民たちは、月に1、2度の頻度で会合を開くことになった。場所は隣駅の初台《はつだい》にある商業施設「東京オペラシティ」にあるいくつかの喫茶店を使い分けた。

情報漏洩《ろうえい》を恐れ、あえてマンションから少し距離のある場所にした。かつて消滅した「友の会」の反省が活かされていた。

空いた時間も、個別にメールなどで連絡し、密な関係を作ることを意識した。3月に開催された初回は、総会の流れを汲《く》み活力に満ちていた。順調そのものに思えた1カ月間だった。しかし、回を重ねるごとにその熱量は少しずつ萎《しぼ》んでいった。

手島を含む毎回6〜7名ほどの参加者は、居住者半分、賃貸オーナー半分だった。高齢者の割合も多かった。各々の意識にズレがあることは手島も感じていた。ストレスのはけ口のように理事たちの悪口に終始する人もいれば、感情的に「彼らは暴力も辞さない。警察に相談しよう」と真剣な顔で意見する人もいる。手島が言う。

「初めは『こんなことがあった』『これはヒドい』というような実体験に伴う報告がメインでした。『こんな噂を聞いた』という類のものも含めて。じゃあ、具体的にどうやって闘っていくのか、という話題になると言葉に詰まる。常軌を逸した理事会を相手に、自分が矢面に立つことにはリスクがあることを誰もが肌で感じていた。それは、私も同様でした。長年染みついた意識や恐怖は変わらない。問題の本質は、考えていた以上に根深いものでした」

意見を出し合った結果、まずは公的な機関に相談することにした。警察や、消防署、区役所などに手分けして相談に行った。だが、公的機関の見解は〝民事不介入〟で一致していた。

「そんな酷いことが起きているんですか……。ただ、ウチではどうしようもありません」

返ってくる台詞や応対も似通っている。会の参加者はその対応に納得ができず、一度ならず足を運んだが結果は変わらなかった。

政治の力を頼ることも試みた。住民運動に理解があるであろう区議会議員を訪れている。しかし、やはり応対は同じだった。

今のやり方では何かが足りない。会が次第にトーンダウンしたのも無理はなかった。集まりは次第に昼下がりの井戸端会議のような雰囲気が漂い始める。それを察知した参加者の1人は、3カ月ほどで早々に脱会している。

実際に活動を始めると、気力や時間が膨大に必要だと分かってきた。加えて、先立つものがないこともネックだった。印刷物や調べ物、集まる際の飲食代など、活動を続けていく上では、金銭の負担も決して小さくない。去っていく人を、とても責める気にはなれなかった。

もう一つ、欠けているものがあった。それは、メンバーをまとめ、導いてくれる人物の存在だった。一方で、この議題になると会のメンバーの反応は鈍い。先述のように、誰もが理事会から嫌がらせを受けることを恐れていた。

「誰かがやらないといけない――。そして、それは居住者ではない方がいいのかもしれない。消去法的に私がやるべきなのか。そう感じたのです。でも、これまでの人生で、集団の中で誰かを引っ張っていくという経験はほとんどなかった。むしろ苦手。『私で大丈夫なのかな』という不安はありました」

手島は当時の心境をこう振り返る。

自らが手を挙げたわけではない。それでも、手島がリーダーを務めることに対して会のメンバーは好意的だった。

「理事会打倒」の道は情報収集から

大阪府で生まれた手島は、学生時代から人前に出ることが得意なタイプではなく、インドア派で内向的な性格ではあった。大学を卒業すると、就職で上京。システムエンジニアとしてキャリアを重ねる。

「凝《こ》り性で一つの物事を調べ上げることが好き」な性格。仕事内容は苦にならなかったが、職場の人間関係では多少苦しんだこともある。いくつかの転職も経験した。結婚と同時に秀和参宮橋に入居し、夫との間に女児を授かった。

娘には、母の資質はこのように映っているという。

「家では大雑把《おおざっぱ》であまり感情的になることもなく、小さな頃から『物事の全体をみろ』と言われてきました。ただ、幡ヶ谷の件に関わりだしてから印象は少し変わった。家でも感情を出しながら、いろんな人と電話をしていました。そんな母をこれまで見たことがなかったので、正直驚きました」

総会から約3カ月。リーダーとなった手島は、2018年の5月頃から本格的に理事会打倒の道を模索し始める。まずは、情報収集から行うことにした。自分たちのように、管理組合の悪政に苦しむ実例を求め、ネット上で検索にかけてみた。ただし、簡単に拾える方法では大きな発見はない。

次に法律的な観点から管理組合の瑕疵《かし》を探る。区分所有法や総会運営の法律的な知識を得ることに腐心した。その上で手島が理解したのは、

「マンション管理において、過半数の賛同を得ているのは絶対的な効力を持つ」

ということだった。つまり、どれだけ管理組合側が規約にないルールの追加や、常軌を逸した独特な決まりを制定したとて、住民側は総会で過半数の賛同を確保しない限り立ち向かうことすらできないということだ。戦法は極めて限定的である、と早々に悟った。

「厳しい、これは本当に厳しく長い闘いになる」

家族が寝静まった深夜。手島は一人、決意を固めた。

まずは外部オーナーたちの理解・協力を重視

手島ら会のメンバーは、まずは外部オーナーたちの理解や協力を得ることに注力すべきだ、と判断した。手島のような外部オーナーの場合、マンション内でのしがらみにとらわれることはあまりない。ただし、資産価値が下がり続けるとなれば無関心ではいられないはずだと考えた。

会の面々は、各々ができることを実践していった。手島が情報や知識を蓄えることに集中できたのは、周囲のサポートが大きい。例えば佐藤は、会の負担を少しでも減らすために資料の印刷などを自らの会社で請け負った。他のメンバーの中には、外部オーナーに接触を図るため、膨大な数に及ぶ登記簿の取得を自ら買って出た者もいる。会は登記簿に明示された住所に、秀和幡ヶ谷の現状を伝える封筒を郵送した。

7月末日、会の名前を「管理費値上げを機に秀和幡ヶ谷レジデンスの未来を憂える会」と称して、声明文を出した。これが、対外的に起こした最初のアクションだった。

「6月から管理費がほぼ倍額に」とタイトルがついた4枚の手紙には、こんな記載があった。以下にその内容を抜粋する。

4月下旬に「通常総会のご報告」がお手元に届いたことと思います。

5頁に、一般管理費改定について記載があります。

〝議長が本議案の承認を諮ったところ、反対13名、その他全員賛成で承認可決されました。〟とありますが、総会に出席した人がそのときの状況を記録しています。それによると、出席者34名（理事・監事5名含む）のうち、賛成9名、保留または反対25名とあります。

議事録には保留12名の記述がありません。〝その他全員賛成〟の全員とは、保留した12名と、欠席するにあたり「代理委任」をしないがため自動的に「議長一任」となる委任状を提出した人数を指しています。

管理費値上げについては、2月中旬に配布（総会開催の2週間前）の「総会案内」で初めて記載があり、総会では議題の最後。残り少ない時間のなか、出席者からは「決算報告書」に対して

・「繰越剰余金が2億円を超えているのに、今すぐの値上げは必要か」
・「収支の見直しはされているのか」
・「管理人、清掃員の人件費が上がっている。そんなに人数を雇う必要があるのか」
・「植栽は年に4回必要か」

と次々に具体的な意見があがるなか、理事会側は「将来的に不足することが分かっているから値上げが必要」と同じ答えを繰り返すのみ。

・「値上げが必要とする前に、収支の詳細を所有者に説明し、見直しをしながら、妥当な値上げ金額を時間をかけて調整する。これが通常の進め方でしょう？」

出席者から出た発言に会場からは大きな賛同の拍手が起きるなか、閉会だからと駆け足で挙手の確認がされました。出席者の大多数が異議を唱えたところで、欠席者の「議長一任」とされる議決数のほうがはるかに多く、その場で「賛成多数」により「管理費の値上げ」が宣言されました。

出席者がどれほど常識的な意見を呈しても、大多数が欠席する総会では、「議長一任」の「賛成多数」を味方にした僅か数人の理事の意見だけが承認される、通常総会は形骸化した例年《ママ》行事になっています。現状の書式に沿って、所有者が自身の意見を届けるためには「議長一任」ではなく出席する区分所有者に「代理委任」するしかありません。

何度も推敲《すいこう》を重ねた末に、手島がほぼ一人で書き上げた文章だった。あえて感情は交えず、あくまで客観的な事実を提示することを心がけた。

さらにネットで不動産情報を一般公開しているサイト「マンションマーケット」の数字をもとに、資産価値の推移についても言及している。「評価額は最低、維持費は高いばかりで暮らしにくい、が幡ヶ谷の実像です」という言葉で結ばれた文章には、こんな文言が並んでいた。

【渋谷区の秀和シリーズで最下位】

秀和はクラシックマンションでも人気の高いシリーズでブランドマンションですが、幡ヶ谷はバランス釜に固執、フローリング禁止などのリフォーム制限がマンションの将来性を奪い資産価値が下落する原因となっています。加えて、セキュリティ重視とはいえ「入居前面談」など過剰なルールの多さに「やり過ぎ管理組合」としての不評は周辺地域にも及んでいます。好立地、秀和ブランドをしても不評が上回り、さらに下落に繋がっています。

これによると、渋谷区の秀和マンションシリーズ15棟の中で、**幡ヶ谷の評価額は最下位、維持費は上位3位**となります（管理費値上げ前の管理費修繕費を合わせた維持費ですら上位6位）。

【評価額について】

幡ヶ谷から徒歩で15分程の秀和参宮橋（築50年）がその次に低い評価額ですが、それでも幡ヶ谷の1・75倍です。幡ヶ谷はブランドマンションではない近隣の中古マンションより低い位置づけです。

【維持費について】

維持費は戸数が多いほど居室負担割合額は少なくなる、が相場です。

幡ヶ谷は値上げ前の上位6位という高い維持費のときから、実現しているサービスはゼロという結果です。

（文中・一部略）

約40戸の外部オーナーへ向けた郵送物。その中には、1枚のアンケート用紙も同封した。氏名や連絡先を賛同者名簿に記載が可能かを問いかけた。感想や意見を書き込める自由項目も設けている。比較的協力が容易であろう外部オーナーたちの反応が、今後の会の活動を大きく左右することは、誰しもが理解していた。

この時、賛同者はわずか8名だったが、その点も誇張することなく記載している。

一方で、手紙や会の代表者の氏名などの個人情報は一切載せなかった。今の段階では時期尚早と判断したためだ。しかし、代表者の氏名もない、実態も分からない産声を上げたばかりの会に賛同してくれる人が果たしているのか——。

「お願いだから一人でも多くの人のもとに届いてほしい」

作業に追われながら、手島は朗報を待った。

千葉のマンショントラブルに〝活路〟を見出す

「管理費値上げを機に秀和幡ヶ谷レジデンスの未来を憂える会」は、その間も作業を分担して稼働を続けていた。理事会と向き合うには、できるだけ多くの材料を集めておきたかった。

管理組合と取引がある関係先や、業者とのやり取りにおかしなところがないかをチェックした。中には、理事会の周辺を探る役割を担ったメンバーもいた。

そんな地道な活動の結果、興味深いことが明らかになった。それは、吉野理事長が秀和幡ヶ谷レジデンスの他にも管理組合の理事長を務めるマンションがあるという事実だった。千葉県にある、同じような築古の大規模マンションだった。

「もしかすると、千葉のマンションでも秀和幡ヶ谷と同じような事例が起きているのではないか」

会の面々の予感は的中した。

組合員の一人が、吉野理事長とのトラブルをネット掲示板に書き込んでいたのだ。

メンバーの一人が真偽を確かめるためその組合員に会いに行くと、どうやら千葉でも過去に吉野理事と住民の間で、大きなトラブルが勃発しているという。収まりがつかない住民側は、組合を訴え、民事訴訟にまで発展していることも分かった。ただし、同様に千葉でも住民の活動は実らず、管理組合が長年にわたって実権を握り続けていた。

千葉のマンションの状況を知ることは、秀和幡ヶ谷にとって大きな意味を持つはずだ。手島には確信があった。

郵送から1カ月ほどで、アンケートの用紙が会に戻り始めていた。回答者の中には、後に強力な独立遊軍として、獅子《しし》奮迅《ふんじん》の動きをみせるブレーンとなる人物も交じっていたが、この時の手島は知るよしもない。

第2章

海辺の町のもう一つの闘い

「難しい話ではなく、
人の道を外れたような
ふざけた奴が許せない性分なんです」

都心と海辺。二つのマンションを繋ぐ糸

秀和幡ヶ谷レジデンスの闘いを振り返る上で、切っても切り離せない存在がある。千葉県・白子《しらこ》に位置するあるマンションだ。少し話は逸《そ》れるが、本章では秀和幡ヶ谷レジデンスの闘いと深く関わってくる白子を取り巻く物語を紹介していく。

白子町は千葉県東部、九十九里《くじゅうくり》浜に面した海辺の町だ。

東京駅から、「特急わかしお号」で約60分。茂原《もばら》駅で下車し、バスで20分ほどの距離に位置する。車だと都心部から高速道路を利用して90分程度の道のりとなる。人口1万人を切る小さな港町だが、かつては保養地、そして「テニスの町」として栄えた。都心部から2時間弱という立地や、都会の喧騒から離れた牧歌的な雰囲気を好んでか、富裕層や家族連れをターゲットに白子町は人気を博す。長野県の軽井沢と比較されるほど賑わいを見せた時期もあったという。観光への注力は進み、80年代からは町中にリゾートマンションの建設計画がいくつか立ち上がっていく。

「ダイアパレス白子第2」も、そんな町の流れを汲んで開発されたリゾートマンションである。施工は1984年。12階建ての鉄筋コンクリートマンションは総戸数203を数え

る。比較的町の中心地に位置し、海岸にも徒歩圏内と好立地にある。このマンションで、理事長を務めていたのが、秀和幡ヶ谷レジデンスと同じ吉野理事長だった――。

白子ICから20分ほど車を走らせると、ダイアパレス白子第2に到着した。フランスの凱旋門《がいせんもん》を小型化したような物々しいアーケードをくぐると、白と茶を基調とした大型マンションが姿を現す。向かいには、「ダイアパレス白子」と銘打たれたマンションもある。施工は1980年と、第2の4年前に前に建設されている。工事中なのか、マンションの大部分をシートが覆っているも、工事業者が稼働している様子はなかった。

駐車場に車を停めて、待ち合わせた住民の一人と一緒にマンション周辺を歩く。遠目には分からなかったが、マンションを一周すると予想以上に古びていることに気づいた。

外壁のタイル部分は比較的きれいに保たれているものの、敷地内の道や階段のコンクリートが至るところで崩れ落ちている。リゾートマンションという特性上、住まいとして利用している住民の数はかなり限定される。それゆえに、管理が行き届きにくい面は確かにあるだろう。ただ、明らかに管理不足と感じる箇所がいくつも目についた。

大手の不動産サイトを見ると、賃貸と売買の価格が確認できた。

賃貸は1Kで家賃2万8000円。ここに管理費が月々5600円と記載がある。

一方の売買では同じく1Kで198万円。サイトによっては多少の誤差はあるが、概《おおむ》ね

ダイアパレス白子第2の外観

100万〜200万円の間で取引されていた。そして、別のサイトの口コミではこんな書き込みがあった。

「一度も総会が開催されたことがないため管理費の収支が不明です。毎月支払っている管理費と修繕積立金が何に使われ今いくらあるのか公表されません。マンション内だし、マンション管理組合の所在地もマンション管理組合の理事名も公表されないためどこに問い合わせて良いのやら困ったものです」

部屋に上がると、窓の外には九十九里の海を見渡せた。ところが、ベランダに出ると明らかにコンクリートが劣化している。空気の良さや展望と、朽ちた建物とのコントラストが際立って、どこか不穏な気配が漂う。

部屋を出て非常階段部分の確認をしようとすると、こんな張り紙があった。

「非常時以外出入り禁止　痴漢・盗難等防止の為　管理組合」

マンション内をくまなく見回ったが、ほとんど人が住んでいる気配がない。

他の住民たちと、国民宿舎「サンライズ九十九里」で落ち合った。いずれも区分所有者で、吉野理事長に対して強い抗議を行ってきた面々であった。

杉町聡《すぎまちさとし》(70)は、私と顔を合わせるなりこう言い放った。

「理事長のことがどうしても許せないんです」

怒りと困惑を浮かべたその顔は、どこか幡ヶ谷の住人たちの表情と重なった。

荒れに荒れた23年ぶりの総会

吉野氏がダイアパレス白子第2の理事長に就任したのは1991年4月。幡ヶ谷のマンションの理事長になるよりも数年前の話である。当時の様子を見聞きしていた住人によれば、しばらくは大きな問題は生じていなかったという。しかし、2004年2月に外部の管理会社への委託をやめ、自主管理に移行したことで、工事や駐車場利用などで区分所有者にとって不都合が表出し始める。それでも、リゾートマンションという特性上、そのことに区分所有者が気づいたのはずいぶん後になってからだった。

組合員側が理事会に対して抗議できる機会は、これまでさんざん述べてきた通常総会である。ただし、このマンションでは吉野氏が理事長になって以降、23年間にわたって総会は開催されなかった。収支報告書の開示など、組合員にとって当たり前の「知る権利」が損なわれていた。

12年3月、ついに組合員の一人が行動に移した。区分所有者である村井弘文《むらいひろふみ》が、吉野理事長に総会開催を要求。5月に会談が実施されるも、総会開催の要求は様々な理由をつけて受け入れられなかった。それを受けて、村井の声がけに反応した住民の有志による対策会合が行われた。同意書75名、参加者19名の計94名が顔を合わせた効果は絶大だった。

7月には、「管理組合適正化推進委員会」(以下・適正化委員会)が発足する。そんな動きを察知して、吉野理事長は区分所有者に向けて、12枚の説明文を送っている。少し長文になるが、主張がよく理解できるため一部をそのまま抜粋する。

さて、今般、当パレスの〇〇号室　村井弘文様(不動産業を営む方)より、管理組合宛に「総会開催要望書や質問書等」が、短期間に立て続けに提出されております。

又《また》、区分所有者の皆様にも、次から次へと文書が届いていることと存じます。

その上に、村井様ご本人が「臨時総会」を開催する旨の通知を皆様へお配りしていると存じます。しかしながら、村井様のこの「臨時総会」開催の手続には問題（虚偽記載や事実誤認や間違い等）があり、管理規約上、臨時総会開催の資格がなく無効であります。当組合に対する業務妨害に過ぎません。理事会の総会開催権を阻止し、剝奪《はくだつ》しているのです。

管理規約を無視して、公私混同され自己に利益誘導することは許されません。

村井様は、最近購入されたためか、当パレスの分譲時から現在までの経緯をご存じないようでしたので、本年5月9日に白子でお会いし、理事会の考え方や方針や事情等を説明させていただいたのですが、聞く耳を持たれずにご理解いただけなかったことは残念です。

尚《なお》、村井様は、当パレスの管理規約（平成3年5月15日の定時総会において、合法的に改定）のご認識に、かなりの誤解があるように思われます。この管理規約の改定は、定時総会において、組合員総数及び議決権総数の4分の3以上の賛成で決しております。

又、区分所有法を参考にしながら、当パレスに合った管理規約を合法的な手続きを経て、改定されたのです。従いまして、この管理規約は、当パレスの憲法に相当するものです。

村井は3カ月後には、東京地裁に理事長解任を求め、提訴した。1年6カ月、計7回の答弁などを経て、「決算報告のない欠員理事補充」を目的とした臨時総会が開催される運びになった。裁判所の指導で、ようやく総会が実現したというわけだ。

できるだけ参加者の数を減らしたかったのだろうか。総会は、なぜか千葉県の白子からかけ離れた東京都文京区湯島の「東京ガーデンパレス」で開催された。

前年に区分所有者となっていた杉町は、荒ぶる気持ちを抑えながら開催地へ向かう。もともとは千葉市に住んでいたが、早期退職後、「海沿いの町で余生を過ごしたい」という願いを叶《かな》えるため、預金を叩いて思い切って購入した。だが終《つい》の棲家《すみか》となるはずだったマンションでは、管理組合と住民の争いが繰り広げられていた。適正化委員会のコアメンバーである6人のうちの一人として、闘争を続けることになる。

23年ぶりの総会は、荒れに荒れた。杉町が回顧する。

「総会が始まると、しょっぱなから委任状で揉《も》めていたのです。理事長が『欠席者が多い。この委任状は本当か』と疑ってかかっていました。所有者が質問しても、一方的に否定して会話にならない。総会ではなく、理事側の発表会のような雰囲気でしかなかった」

理事側は、長らく顧問契約を結ぶ弁護士も同席させていた。その一方で、適正化委員会側の弁護士は会場に入ることを許可されなかったという。住民の中にも、総会会場に入れなかった人がいた。区分所有者である古澤博和《ふるさわひろかず》(81)は、総会に入る前にいざこざがあった、と証言する。

「みんなこの日を待ち望み東京まで足を運んでいる。当然、収まりはつきません。暴言を吐き、取っ組み合いになるなど過激な行動に出る人もいました」

総会の様子に憤りを見せた適正化委員会の一部は、強硬手段に出る。月々の修繕・積立金の支払いを拒否するなど、管理不適切を理由とし、管理組合に対して徹底抗戦の構えを見せたのだった。

〝暴動〟は吉野理事長から見ると、大きなインパクトがあった。20年に新型コロナウイルスを理由に総会の延期を区分所有者に報告した、「ご理解とご協力のお願い」という通知文の中に、総会開催時のお願い、と称して以下のような文言があった。

前回の総会会場(ホテル)においてのような「暴力的行為や騒ぎ」は、絶対に止めて下さい。管理費等(水道・地代・駐車場使用料等)の大口滞納者の不動産業の1人の方が、同じく管理費等の大口滞納者の方々を煽動しての行為だったのです。(中略)

次回の総会では、絶対に暴力的行為や騒ぎは、止めて下さい。その場で会議を中断し、会場を明け渡さなければいけない上、会場の使用料は全額請求されます。どうか、総会では冷静に議論してください。

「臨時総会の報告書」によると、吉野理事長は新役員の選出について、議長に委任された票の60を盾に役員選任を行おうとした。しかし、適正化委員会側は理事長以外から議長の選出就任を要求するなど、主張は一向に交わらない。役員選任の意見は聞き流され、まともに取り合わない状況が続いた。そこで適正化委員会は、「議長不信任案」の緊急動議（予定外の議事を緊急に取り上げるよう提案すること）をかけた。

組合員の発言の機会である総会を開催せず、23年間役員理事を独断で選任、私物化して管理を継続したこと。報告のない予算執行や、収支報告書の開示がなされていないことを理由に挙げた。

司会を務めた弁護士は、「収支報告は新役員が精査し、新理事により確実に報告する」とまとめにかかった。

もはや、適正化委員会に抵抗する力は残されていなかったのかもしれない。役員選出の判断資料として、収支報告の公開を最優先に主張するに留まった。

理事長や弁護士への強い不信感を抱いた面々は、総会の流会を求めた。参加者の多くは退出したが、その後、理事長や理事によって新理事が選任された。後日、組合員に対して新役員名簿が記された書類がひっそりと配布された。

杉町たち適正化委員会は緻密に計画を立て、進めてきたつもりではあった。それでも、あらゆるケースを想定し周到に準備してきた管理組合に、その主張はことごとくはね返されている——。結果だけを見ると、そんな事実が浮かぶ。

失敗に終わった臨時総会を経て、適正化委員会の動きは鈍化していく。定期の会合にも欠席者が目立つようになった。そして、大きな課題にも直面していた。訴訟を続けていく上での、裁判費用の捻出《ねんしゅつ》が困難になりつつあったのだ。大半を村井が負担しており、その資金も底をつきつつあった。

2カ月後には管理組合から決算報告がなされた。しかし、総会で約束した引き継ぎの資産報告がなく、過去10年間分の裏付け資料が伴わないものであった。とても納得ができる報告ではない。適正化委員会の活動者にはそう映った。

刑事告訴やメディアへの訴えも実らず

民事裁判で継続して争うことに、大きな効果が見込めないことは明らかだった。2015年7月。17回目の弁論で、村井は提訴の取り下げを申請している。

それでも別の視点から活動は続けた。そのうちの一つが、刑事告訴である。茂原警察署に捜査依頼書を提出している。同年10月29日付で署長に宛てた依頼書には、理事長の不正疑惑や是非指導による適切な処罰の執行の訴えが綴られていた。この時は告訴状が受理されることはなかった。杉町が言う。

「どうしても諦められなかったんです。刑事告訴が受理される、とまでは思っていなかった。それでも、何かしておかないと後悔すると私たちは感じていました」

翌年7月には、千葉地検に被害調査と捜査依頼の告発状を提出した。千葉県警本部にも同様のものを提出している。返答は、「所轄の警察署にて被害届を受理し、指導をする」というものだった。

メディアを通して訴えかける手段も模索した。大手新聞社の千葉支局と、雑誌社が取材に動くも、大きな関心を集めるまでには至らなかった。

適正化委員会の訴えは極めてシンプルだった。それは、規約に基づき定期総会の開催を行うという一点に尽きる。しかし、願いは届かない。その後も何かと理由をつけて、総会は定期開催されなかった。杉町が回顧する。

「17年には茂原警察署の警察官の立ち会いのもと、『定期総会の確約』の言質《げんち》をとったのです。ですが、約束は守られることはなかった。以降も、新型コロナウイルスなどを理由に一向に定期総会を開催する気配はなかった」

村井は18年2月、吉野理事長へ以下のような要望書を提出した。「『定期総会開催』遅延理由並びに掲示板活用について」と、銘打たれたA4判1枚の用紙には、杉町の言うような記述があった。

平成29年10月茂原警察署白子派出所警察官立ち会い確約されました規約に基づく「定期総会開催」は平成28年6月29日茂原警察における約束共々実行されません。

次の件要求致します。

1・役員理事の「管理規約」遵守・履行による管理義務遂行責任。

2・「定期総会遅延」に関する理事会審議、並びに管理規約第6条2「**掲示板利用厳**

禁」の理事会審議「議事録」を管理規約第24条（名称及び所在地）規定の白子管理事務所にて公開、閲覧を要求、

※納得ができる回答があるまで掲示板利用を宣告致します。

3・今後逐次掲示板を活用し・理事会開催日・審議事項等の公示並びに議決事項の組合員通達・報告に有効活用を要求する。

（原文から一部誤字修正）

私が確認した限りでは、この資料が適正化委員会の記録として残っていた最後のものだった。

当時、80歳を超えていた村井には残された時間が限られていた。膀胱《ぼうこう》がんを発症し、長きにわたる闘病生活を余儀なくされていたからだ。自分の死期をある程度予期していた節もあった。もともと不動産業を営んでいた村井は、遺産整理のため、できるだけ早くマンションを手放したかった。

ところが長期の修繕計画どころか、修繕積立金がいくらあるかも分からない。同業者から見ても、まともな修繕もやっていないことは明白だった。真っ当な不動産屋が取り扱いできるとは到底思えなかった。

最低限、資産として売買ができる状態に戻したい――。そんな思いで、3年にも及ぶ裁判や適正化委員会に臨んできたのだ。杉町が村井との記憶を振り返る。

「村井さんのがんは全身に転移して、日々衰弱していきました。足も不自由になり、杖がないと歩くこともままならない状態でした。18年の半ばからは、なかなか連絡もとれなくなっていた。理事長も村井さんの病気のことは把握していた。だから、引き延ばせばなんとかなる、と考えていたのでしょう。それでも村井さんは事あるごとに、『死ぬまでやり続けるんだ』と言い続けていました」

19年、村井は鬼籍に入る。適正化委員会にとっては、旗手の死はあまりに大きな出来事だった。特に金銭面での負担額が大きかった村井が抜けたことは、今後の活動資金を捻出するという点でも痛手だった。

管理は一層悪化していると感じる者もいた。古澤もその一人だった。

「エレベーターの点検がされているところを見たことがありません。いつ止まるか不安で仕方がない。建物の老朽化は著しく、ベランダもいつ落ちるか分からないほど劣化していた。部屋は雨漏《あまも》りがひどくて、ほぼ使われていないプールは濁《にご》っている。ある住人が突然体調が悪くなったことがあったのですが、救急車を呼んでも夜間に人がいないから対応できませんでした。管理人がいないから(当時は)どこに連絡していいかも分からなかったのです」

区分所有者たちの話ではマンション内の2階部分には、かつて広めのコミュニティスペースがあったという。住民同士が会話したり、休憩などで利用することも珍しくなかった。それが、突然テーブルや椅子が撤去された。現地を見ると、だだっ広い更地のようになっている。集会禁止を理由にして廃止となった、と古澤は言うが、適正化委員会への牽《けん》制《せい》であることは明らかだった。

また、区分所有者の中には用途不明金やその額について指摘する人もいた。古澤が次のように説明する。

「決算書の中の工事の実行費用がおかしい、と指摘する人がいました。78万円の工事費に対して、1700万円の支払いになっている、と。背任行為に当たる、という主張でした。それとは別に、台風でドアやガラスの修理が必要になった際のことです。ガラス2枚に対して、修理費は500万円と極めて高額で支出されていた。デタラメのような工事費の支出があったのです」

適正化委員会の停滞の理由とは

村井と共に適正化委員会の中心的な役割を担っていたのが竹内恵美子《たけうちえみこ》だった。竹内は70

歳を超えた今も、訪問看護の仕事に従事している。はっきりとした物言いや、歩く姿勢などからも実年齢よりもずいぶん若い印象を受ける。この日も、週に2度の休みの合間をぬって足を運んでいた。適正化委員会の初期段階から参加しているだけに、経年による活動の変化には敏感であった。

「当初は1年もかからない間にシロクロつくだろうと考えていたんです。ただ、闘いが長くなりすぎてみんな次第に疲弊していった。当初の勢いや熱量はなくなっていったのです。『なるようにしかならない』と半分諦めているような空気がありました」

竹内は当初から村井の右腕として、経理や委員の一人として可能な限りサポートに務めてきた。事実、適正化委員会の書類には村井と連名で、竹内の名前が記されている書面の多さが目についた。なぜ、そこまで活動を続けることができたのか。そう問いかけると、間髪を入れずに答えた。

「このマンションに住む人、そうでない方も定年退職後も汗水流して働いている方が多い世の中でしょ。みんな生きることにくたびれている部分はある。渡世において、理事長は自分の立場を利用して好き勝手やって私腹を肥やしているんじゃないかと、会のみんなは疑っていた。そんな人が理事長としてのさばっていることがどうしても許せなかった。だって、常識的におかしいと思いませんか」

村井が亡くなる直前、竹内は面会する機会があった。そこで、遺言ともとれる言葉を預かった。

「白子の件に決着がつかないままということが、残念でならない。このままだと死んでも死にきれない」

2019年から、適正化委員会にはしばらく空白の時間が生まれる。会を引っ張っていくリーダーの不在はやはり大きかったのだ。竹内は自らが手を挙げることも脳裏に浮かんだが、なかなか一歩が踏み出せなかった。村井が亡くなったことで、自分が理事長の標的になるのではないか――。そんな懸念もあった。

さらに、いま一つ前のめりになれない理由があった。

「女の私が前面に出たところで、みんなはついてきてくれるのだろうか」

適正化委員会、という名称での活動は後に終了することになる。会のメンバーもバラバラになった。これは村井の死後、金銭的な面でも継続していくことが難しかったことが大きい。有志が集めた募金も、底をつきつつあった。

幡ヶ谷のオーナー、義憤に駆られる

「秀和幡ヶ谷レジデンス所有者の皆様へ」

中島毅《なかじまつよし》(64)に、6枚の封書が届いたのは2018年の夏だった。前章で記した通り、手島ら幡ヶ谷の面々が外部オーナー向けに宛てたものだ。

茨城県守谷《もりや》市の自宅で封を開けた中島は、その内容を知り絶句する。区分所有者として30年が経過していたが、初めて知る事態が並んでいた。

ホエールウォッチングやジオパークなどで知られる高知県・室戸市で中島は生まれた。幼い頃から快活だった少年は、県内の高専学校で工業化学を学ぶ。卒業後、21歳で上京。根っからの仕事人間だった。実績を積み大手企業へ転職すると、新天地でもクライアントの信頼を得て、営業の仕事も任されるようになった。

この頃、秀和幡ヶ谷レジデンスの1室を4000万円ほどで購入している。転職した会社がほど近い西新宿にあること、妻が隣駅の初台で自営業を行っていたことも決め手となった。

男児を授かるなど公私共に順調ではあった。ただし、上司との折り合いだけは良くなかった。3年が経つ頃、同社での生活に見切りをつける。新しいことに挑戦してみたい、という漠然とした考えもあった。取引先に退職のあいさつ回りをすると、いくつかの企業から引き止められたという。そして、こんな言葉をかけられた。

「中島さんに辞められて仕事が一緒にできなくなると困る。どうせなら、自分の会社を作ってみないか」

起業するという考えは、当時の中島には微塵《みじん》もなかった。それでも、取引先の担当者が自分の仕事ぶりを評価し、求めてくることは素直に嬉しかった。

「もともと偉くなりたいとか、上昇志向が強いタイプの人間ではないんです。ただ、せっかく自分を求めてくれる人がいるのであれば、何かの縁だからやってみるか、と。本当にそれくらいのもんだったんですよ」

1996年5月、千代田区・神田の一等地で法人を立ち上げた。会社は数年間のうちに急成長し、数十人の従業員を抱えるまでに拡大した。6年ほどで完全に軌道に乗り、仕事を任せられる人も育ってきた。中島は幡ヶ谷から守谷市の一軒家に引っ越すことを決意する。42歳の時だった。

幡ヶ谷を後にした中島は、22年もの間、社員にその部屋を住居として貸していた。

幡ヶ谷の状況を全く把握していなかったのは、そんな要因もあった。手紙の内容は、少なくとも自身が暮らしていた時の状況からは全くイメージが湧かなかったこともある。本当にこんな出来事が現実に起きているのか。中島は、まずは自らの足を使い情報を集めることにした。

ここで時計の針を少し戻す。「管理費値上げを機に秀和幡ヶ谷レジデンスの未来を憂える会」の手紙は、先述（55ページ〜）した通り、具体的な人名が記載できないことがネックとなっていた。手島にとっては、その点は大きなマイナスになるという感覚もあった。

白子の訴訟の件を間接的に聞いていた手島は、ネット上や人のつてをたどり、ダイアパレス白子第2適正化委員会に接触を図った。そこで村井と繋がった。手島は、会の郵送物に村井の名前を記載することが可能か問い合わせた。幡ヶ谷の現状を訴える手島の声は、村井の心を動かした。

やり取りを続けると、白子と幡ヶ谷には多くの似通った点があることにもお互い気づいた。村井は、手島に対して短い言葉を返した。

「私の名前や白子のことに言及してもらうのは大丈夫です。頑張って下さい」

こうして中島のもとに届いた封書には、村井の名前や白子の事案も記されていたというわけだ。以降、1年近くの間、手島の手紙は村井の名前を記載して送付されている。

ここからの中島の行動は驚異的なものだった。幡ヶ谷と白子の現状が手紙の通りであれば、許されるものではない。熱血漢としての血が騒いだ。

まずは千葉にある村井の自宅を訪れてみた。しかし、中島の予想に反してその反応は鈍かった。面と向かった村井の印象は、慎重で思慮深い、というものだった。幡ヶ谷の区分所有者であることを伝え、協力を申し出ても心が開かれることはない。会話は途切れ途切れで、村井の歯切れも悪い。そんな中でも随所に出てくる言葉を整理すると、まずは白子を深掘りすることで全貌が理解できそうだと手応えを感じた。この時同席していたのが、適正化委員会で共に中心にいた竹内だった。

「あくまで私の印象としてですが、村井さんは中島さんのことを幡ヶ谷の管理組合側から送り込まれたスパイだ、と疑っていたきらいがありました。素性がよく分からない奴が来たぞ、というような。何年も続いた闘いの末、みな疑心暗鬼になっていたのです」

それでも中島は諦めなかった。時を置かず、2度目の訪問をしている。もし今回がダメでも、もう一度訪れる心づもりだった。そんな熱意が伝わったのか、村井からは資質を試すかのような問いかけがあった。それは、なぜ直接的な被害を受けていないあなたが協力を申し入れるのか、ということだった。

質問を受けた中島は、ここが勝負と直感した。理屈を考えるよりも先に、言葉が出た。

「難しい話ではなく、人の道を外れたようなふざけた奴が許せない性分なんです」

中島の言葉にどこか納得したような表情を浮かべた村井は、これまで白子で続いてきた闘争についてゆっくりと語り始めた。

白子の適正化委員会は「正しい闘い方だったのか」

社長業という特性上、中島には時間的な都合をコントロールできる強みがあった。まずは白子の登記簿や、取引先業者などを細かく調べていく作業から始めた。同時に、訴訟資料や適正化委員会の作成してきた資料や活動について、隅々まで目を通すことにした。

法律の専門的な知識があったわけではない。しかし、知識をカバーするだけの人脈が中島にはあった。ビジネスの場で培《つちか》ってきた勝負どころを見極める嗅覚も備わっていた。自社の顧問弁護士に相談し、訴訟についての見解を尋ねた。その結果、民事訴訟で闘う上で、適正化委員会が用意した弁護士の理屈にはいくつもの穴があることも見えてきた。

専門家の意見や独学で得た知識を総合して感じたのは、白子の適正化委員会のやり方は「本当に正しい闘い方だったのか」という点だった。まだまだできることがあるのではないか。そんな感触を持った中島は、適正化委員会の面々の背中を押すことも意識した。

「弁護士や闘い方を変え、争点を絞ることで、前回の裁判とは違った結果を出せるという手応えは感じていました。この頃には、何が何でも理事たちの体質を正すべきだ、という気持ちになっていた」

ただし、避けて通れない問題があった。村井も指摘したように、中島は幡ヶ谷の区分所有者ではあるが、白子に関しては完全に部外者であるという点だった。区分所有者ですらない中島がどれだけ行動を起こしたとて、総会へ参加する権利もなければ、理事長に対して物申す立場にもない。

中島と密に連絡を取り合っていた竹内は、その熱量にただただ驚き、次第に信頼を置くようになっていた。適正化委員会のメンバーにも、中島の存在を伝えていた。

すると、区分所有者の一人が申し出を行った。それは、中島に1室を譲るから、区分所有者の権利を持ってほしいというものだった。所有者は、中島に無償で提供することを提案した。その代わり、吉野理事長に対して徹底的に闘ってほしい、と願いを添えた。村井からも、「理事長をやっつけてほしい。お願いします」と伝えられた。

中島は無償で譲り受けるという提案は断り、お金を払って買わせてもらう形にしてほしいと伝えた。こうして、正式に書類のやり取りを交わし、区分所有者としての権利を得る。

ところが、と言うべきか、当然と言うべきか、理事会はこの売買契約を頑なに認めなかった。その後、中島は何度か白子のマンションを訪れているが、管理人からは「理事長の承認を得ていない」という理由で入室や鍵の受け渡しを拒否されたこともある。

「購入に理事長の承認が必要なマンションがいったいどこに存在するのか！」

徹底抗議した結果、ようやく鍵を受け取っている。そんな〝難癖〟をつけられたことが、中島の中で逆に原動力になった。

覚悟を決めて管理組合を提訴する

「自分はどう動くべきなのだろうか」

竹内は、葛藤に揺れていた。村井の遺志を引き継ぎ理事会と闘うのは自分しかいない、とは理解していた。ただし、村井のように情熱を持ち続けることが自分にできるのか自信が持てなかった。何より、常軌を逸した管理組合や理事長に対して矢面《やおもて》に立つことに対しての恐怖もあった。そんな時に中島という助け舟が現れたことは、竹内の背中を押すことにもなった。

竹内には、適正化委員会と吉野理事長との間で交わされた、どうしても聞き流すことができない言葉があった。

「理事長は、私たちに『お金ないでしょ』と嘲笑《あざわら》うように言ってきたのです。失礼な発言と顔つきは、今でも記憶に強く残っている。冗談じゃない、と思ったのですが、実際に村井さんが亡くなってからは訴訟費用を工面できる目処《めど》も立たず、その通りの状態になっていた。言い当てられたようで、情けなくて悔しかった。時間を延ばすほど、弁護士費用がかさみ、理事長の思い通りのシナリオになっていった。そこに、サポートしてくれる中島さんが出てきてくれたことで闘える算段が整いつつあった。彼らに一矢《いっし》報《むく》いるためには、私も覚悟を決める必要がありました」

竹内が住民側の代表的な立場であるとするなら、中島は黒衣《くろご》として調査や数字を追う実務に徹した。約3年間にわたり、幡ヶ谷や白子に対して訴訟で使える可能性がある要素をかき集めていく。

すると、一部の出入り業者や発注先、管理会社などが白子と幡ヶ谷では共通していることに気がついた。距離的には非効率としか思えない。だからこそ、両管理組合の帳簿を隅々までチェックすることで、新たな事実が明らかになると中島は確信していた。帳簿の閲覧が可能となれば、互いの闘争にとって相乗効果となるだろうということも容易に想像がついた。

２０２１年9月19日。竹内は、帳簿閲覧などの権利を主張し、東京地裁にダイアパレス白子第2管理組合を提訴した。

第3章

有志の会、戦略を練る

「私は一人でも闘おうと考えていました。
それならば必ずしも有志の会と
一蓮托生である必要もない」

匿名での活動の難しさ

手島たちが外部オーナーへ向けて7月に郵送したアンケート(55ページ)の戻りは、想定よりも少なく、結局、送付分の2割ほどしかアクションがなかったという。特に、氏名や連絡先の記載、「賛同」を明確に示す割合はより限定されていた。手紙で訴えるだけで賛同が得られるほど甘くはない。手島も現実を認識しつつあった。実際に8月に行われた集会の中で「たったこれだけしか戻りがないのか」という意見も出ている。

そんな中でも、一定程度の反応があった理由は、区分所有者にとって明らかに不利益を被《こうむ》る事項があったからだ。佐藤が当時の様子を振り返る。

「投資用で持っている人たちからすれば、従来の組合運用に害がなければ行動には至らない。ですが、すでに私たちのもとには『借り主が理事会に面談されて借りられなかった』という情報が寄せられていたんです。理事たちに、いったい何の権限があって面接で落とすのか。その点に対しての反応でした」

同時に、区分所有者から寄せられた声に勢いづけられた面もあった。手島が言う。

「数は多くはなかったですが、こういう連絡を待っていました！という内容の回答もあった。今後の方向性を確認する意味でも個人的には勇気づけられた。とにかく根気強く出し続けるしかない、と認識できたのです」

結果を受け、9月には再度、区分所有者へ向けた匿名文書を送付した。2回で得られた連絡先は合計20程度。11月にも3度目の文書を郵送している。

この頃から、会の略称として「有志の会」と名乗る機会が増えた。12月からはこの名称で、月2回程度の説明会を開始している。場所は総会後に声をかけ合って集まった、マンションから徒歩15分程度にある喫茶店。朝の9時半頃からお昼頃までの2時間ほどの時間で、些細《ささい》なことでも報告する習慣をつけた。

同時に、賛同者向けのメルマガの配信を開始した。つぶさに会の状況を共有する狙いがあった。配信に当たったのは手島だった。不定期配信ではあったが、多い時は月に2度ほど送っている。例えばメルマガ開始から2カ月が経過した、2019年2月の総会前の内容はこのようなものであった。


【2／25まで返送の委任状について】

「やむなく欠席だけど、自分の議決権を無効にしたくない、委任するので『有志の会』代表者名を教えて欲しい」

■信頼下さり本当に嬉しく思います■

議決権の委任を呼びかけることから始めた活動です。欠席する組合員に、議決権を委任して頂く『有志の会』のメンバー名を名乗りたいところですが、今はできません。理由は賛同者が「過半数」に達してないからです。総会議案の決議は「過半数」で決まります。

私共は、この改正活動を、過去にも繰り返された理事会の介入によって『潰される』ことを最も回避したいと『匿名』で活動しております。

賛同者数が充分でない以上『今はまだ名乗れない』事情をご理解頂きたく、また、今回の総会までに充分な賛同者数を集めきれなかった活動不足を謝罪いたします。

■反対の意志を示したい■

委任状を組合員が使う本来の『議決権行使書』にして提出、はいかがでしょう。

委任状の下に、総会議案が箇条書きされています。この議案に対し、横に「賛成」「反対」の文言が表記され、自分の意志に合わせて選択するのが『議決権行使書』です。

昨年の総会で委任状を『議決権行使書』にするべきと訴えた組合員に対し、理事長は「良いですよ」と回答しています（議事録には残ってません）。

法律家によると「『議決権行使書』が本来のものなので組合員がその形式で意思表示する

ことに何ら問題はない」とのことです。

ささやかな抵抗かもしれませんが、区分所有者の本来の権利を使って、
・私が出席できない場合は、以降の
「理事長（議長）に下記の上程議案に対する議決権行使の権限を委任します。」を二重線で取り消し、かわりに
「「記」以降の上程議案に議決を表明します」と記入。
・「記」以降の議案の横に「賛成」「反対」文言を書き、〇で選択する

■『議決権行使書』を理事会がどのように扱うか■

この提案に賛成頂ける方は、返送前にご自身の『議決権行使書』を有志に連携して頂けないでしょうか？　可能なら写真やスキャンして当アドレスに添付ください。

総会当日、理事会が開示する票数と照合したいです。

数が合わなければ、票数改ざんが確認できます。ささやかな抵抗ではありますが、ご理解とご協力をお願い申し上げます。

有志一同

この内容からも分かるように、有志の会の行動は当初から慎重だった。過去の住民運動が〝潰されてきた〟ことを教訓とした。理由について手島が振り返る。

「管理組合側のスパイを疑っていた側面はありました。事実、すでに疑わしい行為があったのです。水面下での活動を強いられていたことは、良い部分と悪い部分が両方ありました」

受け手の反応は様々だった。後に有志の会に参加する区分所有者の一人は、私にこうも話した。

「差出人の顔も名前も分からない、どんな人たちが活動しているかも不透明。当初は郵送物の存在を知っても、封を開けることなくゴミ箱に捨てていました」

一方、郵送物を受け取り、すぐに行動に移した者もいた。中島だった。中島は18年の夏に村井の名前が記された手紙で、管理組合の数々の疑惑を知った。アンケートに記された連絡先にさっそくコンタクトをとる。有志の会の活動方針や、目指す方向などを細かく確認する。時折届くメールマガジンも、くまなく読んでいた。しかし、実際に顔を合わせることになるのは半年以上の時間が経過してからだった。

「どんな人たちが活動をしているのか分からない。この懸念はやはり大きかった。私は一人でも闘おうと考えていました。それならば必ずしも有志の会と一蓮托生《いちれんたくしょう》である必要もない。一緒にではなく、私個人で動けることは動いておこう、と感じたというのが正直なところです」

中島は後に、白子や幡ヶ谷でも開示請求の訴訟に深く関わっている。そんな彼ですら、当初は有志の会には懐疑的な部分もあった。それは、賛同者を得るということがいかに困難であったかを示している。メールマガジンは20年の11月まで続いた。総数は30近くとなっている。

吉野理事長を含む理事たちや監事は長期政権を築いていた。2019年時点で吉野理事長は23年。副理事長は27年以上。その他2人の理事は23年と9年の在任期間を数えた。また、組合運営において肝《きも》となる監事に至っては、就任から30年以上が経過していた。

理事会や総会の招集・議事進行を行う権限を有し、外部業者との窓口となる理事長。業務や財産の状況に不正があると認められた場合は臨時総会の招集、理事長に対して理事会の招集を請求可能な監事。二つの役職は、管理組合の中でも大きな権限を持つ。

住民の中には彼らを信頼し、委任状をそのまま預けている層もいた。管理組合に対して、協力的な区分所有者がいたことも事実だ。ただし、有志の会はそれが誰であるのか特定するまでには至っていなかった。

せっかく秘密裏に進めてきた活動も、安易に動けば一瞬でダメになる。その点を有志の会は恐れていた。

最初の1年間は、とにかく賛同者を得ることに注力する。その手段として、区分所有者への郵送物、メールマガジンや定期集会などを選択してきた。賛同者の数は郵送物を出すたびに微増した。ただし、このままでは理事会の保有する委任状の数には到底及ばない。同時に、足を使い吉野理事長たちの過去のトラブルを徹底的に調べることにした。劇的に現状を変えられる〝何か〟が必要だった。

全区分所有者向けに匿名文書を送る

そんな時、2015年に、とある区分所有者Aさんが損害賠償請求を起こしていたことを知る。当時の管理会社及び「管理組合法人」代表である吉野氏や、顧問弁護士など他数名に対して提起したものだった。

有志の会のメンバーたちは、原告の区分所有者と対面し、話を聞く機会を得る。原告の女性Aさんは海外在住で、一時帰国の際は秀和幡ヶ谷レジデンスで生活していた。だが、管理組合からはキーの貸与を突然拒否された。東京に来た友人に対して、無償で部屋を提供したことを、管理組合に咎められたという。

なぜ訴訟に至ったか、A子さんは有志の会に以下のような説明をした。

帰国時の短期間利用でノンタッチキーを貸与されない。キー貸与では「居住者入退去」届と転入出費用の1万円を支払う必要があること。次の帰国で、友人に提供した回数分の転入出費を支払えばキーを渡すと理事会から要求された。

A子さんは理事長の要求通り全額(4万3千円)を支払った。にもかかわらず、帰国当日、弁護士同伴のもと来館したA子さんへのキー受渡しについて、管理人は「知らぬ存ぜぬ」で押し通した。電話で事情説明を求めた理事長からは入室を拒否され、追い帰されたという。

管理組合がキーを渡すことを拒否したのは、不在期間、旅行等で東京へ来る友人達に短期間の間無償で部屋を提供していた行為を、民泊であると判断したからだった。裁判記録の中でも、管理組合は「民泊」営業を〝強行〟と主張している。しかし、友人に無償で提供したことはあっても、「民泊」をしていたつもりは全くない、というのが原告の主張だった。

訴訟では管理会社が慰謝料の支払いを認め、裁判官が和解を提示し、成立した。被告側に慰謝料の支払いが命じられている。なおA子さんは民泊を行ったという認識はないが、裁判所は、民泊目的等へのノンタッチキーの貸与要求を認めなかったとは併記しておく。

19年の総会前に、理事会に対してA子さん側はこんな抗議文を提出している。

秀和幡ヶ谷レジデンス管理組合法人　理事会様

◯◯◯5号室は娘と私が所有者となっておりますが現在娘は海外在住、私は高齢で地方在住のため上記総会には出席できません。昨年の総会には当時居住しておりました娘の友人、〇〇さんの名前（＊注・代理委任）で委任状を送付し〇〇さんが会場に出向いた所出席の権限がないと入場を拒否されました。管理規約より十分資格はあったと思われます。このような経緯などから理事長に権限を委任することはできません。

又、1月17日のお知らせに怪文書の件がありましたが、この度の総会にて事実に基づいた説明をされるとの事ですが、必ずや事実の説明をして下さい。訴訟の件も結果を正確にお伝えください。総会の報告書の際にはこの件についての報告書も添えて頂きますようお願いします。

有志の会は、ここで大胆な決断に出る。総会前の19年1月に、外部オーナーだけでなく、全区分所有者向けの匿名文書を送付したのだ。判明している謎ルールや、バランス釜しか認めない理不尽なリフォームが、資産価値を下げている実状を記した。その上で2月の総会に出席し、自らの目で判断して欲しいと組合員に問いかけたのだ。

対象を広げたことで、アンケートの戻りは急増した。より具体的な記述も目立つようになる。その切なる声の数々は、驚愕ともいえるものだった。少し長くなるが、住民の感情をよく表しているため、あえて原文に近い形で紹介したい。区分所有者から返ってきた自由記述欄の内容には、以下のようなものが記されていた。

◎区分所有5年、現在時間がなくて動けないですがこの様に意見を上げる機会があり、嬉しく思います（今まで放置していたことは問題でした）。現理事会も、マンションを美しく、不審者を入れないことはありがたいことです。それがマンションの価値を上げていると言われますが、やはり複数の不動産屋によると、このマンションは1000万円位価値を下げていると私も聞きました。バランス釜、物干し※、面接等。大手不動産の出入り禁止は異状です。役員も同じ人が何十年もしているのも異状です。今回「現場ルール」を見てびっくりしました。良い所は続けて、異なる意見にも耳を傾けるのが基本と思います。私もこれから勉強して、意見を出していければと思って、今様子をみています。

◎怖くて本当の事が書けませんし、言えませんでした。
管理組合とは、住居者の代表であり、代弁者でもあるのに〝おとなしく住んで〟とばかり。こんな住みにくい所はないでしょう。どんな人が組合長なのか顔も知るよしもないです。管理会社の人達、管理人さんには挨拶もきちんとしてます。管理組合とは何ぞや、です。氏名、連絡先など書く勇気は有りませんのでご理解下さい。立ち上がった方々に感謝です。

◎20年住んでいます。度々管理会社が変わり、厳しかったり、だんだん感じが悪くなっています。業者が決まっているとか、介護関係の人も入りにくいとか有名です。具体化には

※景観のためベランダでの洗濯物を干すことは禁止されている

賛成です。気持ちよく住みたいです。現在の管理会社の方は、ゴミ置き場等で挨拶もしてくれないし、置き場所を聞くと舌打ちされたり、面倒くさそうにされたり、工事関係の方と外で怒鳴りあっていたこともあり、今までで一番感じ悪いです。

◎資産価値が、まさかこんなに低いとは、知りませんでした！

◎自分の持ち家なのにお風呂は今のままいじれない。風呂釜は高くて使いづらい。大きな買い物なので買い替えもできません。年を重ねれば、足も今ほど上げられなくなるかもしれません。せめてお風呂はゆっくり入れるものにと思っていましたので、とても残念です。

◎入居前面談や、宅急便の搬入許可が必要ということで、管理すら断られている状況です。娘が住むには安心かと思ったのですが、転居した今は、他の人に借りてもらうことすら難しく困っています。

◎入居前面談で希望者が却下され空室です。希望者は異動で転居希望の一般のサラリーマンでした。却下の理由を文書で問い合わせていますが、数か月回答ありません。弁護士など複数の有資格者に問い合わせたところ「前代未聞、管理を超えた越権行為」や「管理体制を強化した結果」まで様々です。わかることは賃貸募集の所有者にかかる経済的負担、不利益、迷惑をまるで考慮していないということです。

◎入居者の退室にあたって、次からは「入居前面談」をすると聞いて驚きました。「規約」を読み直しましたが、そんなことはどこにも書いていません。見つかった希望者は幸い「面談」を通過し入居しましたが、次がどうなるか心配です。面談は平日で、希望者は会社を休んで臨んでいました。私だったら、そんな面倒なマンション、自分から願い下げです。立地がいいだけに、とても残念です。

◎総会で意見を言っても議事録には残されません。酷い理事会の運営、高圧的な態度です。

◎長年、同じ理事長がマンションを我が物のようにしています。自分自身の部屋にもかかわらず、理事長に使わせて頂くような態度です。

◎役員の再任に期限を設け、役員が独裁的にならぬようにすべき。

◎現理事会が決めた「修繕計画」が本当に必要なものか検討すべき。

◎高齢の親のため介護保険を利用しています。「介護ヘルパーも出入り業者だから利用は夕方5：00まで。日曜、祝日に呼んではいけない。これはルールだから」と言われました。介護保険にそのようなルールはありません。救急車を呼んでも出入り業者になるのか、と心配になりました。

◎住民男性が意識不明になって階段で倒れました。救急隊はすぐに来たのですが、救急隊が、親族と連絡がとれてから搬送するので、親族の連絡先を管理室に確認していました。管理人が連絡先を探して右往左往しており見つからない様子。理事の一人も管理室に入り、同様に右往左往。結局、男性が意識を回復したので、そのまま救急車は出発しました。自主管理だと緊急時対応がまるでできないんだな、と痛感した出来事でした。

◎議決権行使を要求する、を頂いてから恥ずかしながら「区分所有法」を知りました。調べてみると、幡ヶ谷は「区分所有法」を無視した運営が目立ちます。つまるところ「所有者」無視の運営です。長続きさせてはいけない状態と思います。

これらはあくまで一部の声に過ぎない。

全区分所有者へ向けた郵送物の送付は、自分たちの存在を明らかにする意味合いもあった。有志の会の存在を公にすることは、理事会との対立構図をはっきりさせることでもある。会のメンバーの一部からは「時期尚早」という意見も出ていた。それでも、手探りで進めてきた1年間の活動の〝現在地〟を知る必要があった。特に負担が大きかった手島にとっては、次の総会は今後の活動を続ける上での基準となりうると判断した。

同時に、理事会に対して次のような内容の要望書も送った。総会に際して、論点をはっきりさせるためにも必要なアクションだった。

・今年も含め、今後の総会を組合員が出席しやすい休日とする
・欠席者が意見表明しやすい議決権行使書とする
・議決権行使の内訳（数）を現物とともに開示する（結果の数だけの報告としない）
・15年訴訟（筆者注：92ページ〜）の経緯および判決内容を口頭でなく書面をもっての説明を希望する

送付文書を手島が書く。1500枚(登記で判明した250室分)の印刷を佐藤が行う。桜井、今井の呼びかけで集会所に集まる10数名の高齢女性たちが、送付名簿に合わせ流れ作業で封入する。有志の会スタイルがここに誕生した。

「知りたい人は見たらいい。百聞は一見にしかずで、とにかく総会を見てもらえれば人は動く、と考えたのです。無関心を打開していくには、参加していただくことが最も効果的な方法であると――」

総会での追及、攻防。そして完敗

2019年の2月27日。最低気温は4度と、厳しい寒さが押し寄せた日であった。日中は曇《くも》り空が広がり、夕方からの冷たいにわか雨が頰《ほお》を刺す。

草の根活動開始から1年が経過したこの年の総会では、例年にない変化が生じていた。2年に1度の役員選任の場であることも影響したが、毎年20~30人程度だった参加者が65名と大幅増となっていた。

例年は250票ほどの欠席委任で、管理組合は決まり文句をもとに総会を進めていた。

「9割以上の厚い信任を得て運営をしている。我々は『問題のない管理組合』である」

ここでいう〝厚い信任〟とは、欠席委任状のことを指す。

しかし、この年は違った。昨年の倍以上の総会参加者が会場に足を運んでいた。さらに、一部で手島や佐藤ら有志の会に対して委任状を預ける者も現れていた。ホワイトボードに記された数字をもとにしたざっくりとした計算になるが、19年の総会時点で管理組合側の委任状総数は185程度だった。例年の9割未満である。そんな数の変化を、理事たちも感じ取っていたのだろう。総会は、いつもにも増して白熱した。

まず議題に上がったのは、前年の管理費の値上げについて。参加者からは厳しい追及の声が飛ぶも、前年と同じような曖昧な説明に終始した。有志の会にとっては、ここまでは想定通りでもあった。

事前に下調べしていた区分所有者の訴訟を問う。有志の会は、「住民に開示すべきではないか」と主張した。理事たちは「不適切な区分所有者であった」という説明のもと、個人情報を理由にお答えできない、と応戦する。

有志の会がリスクを覚悟で追及姿勢を崩さなかったのは、参加者を味方に引き込みたかったのが最大の理由だ。ここで折れずに踏ん張ることで、口コミで理事会の対応が住民に広がっていく。そのためには多少の劇場型の演出も必要であった。この日は、二の矢、三の矢まで用意していた。

総会前には管理組合の収支決算書を可能な範囲で調べ尽くした。そこで、いくつか気になる点を発見していた。一つは活動費についてであった。数年前まで毎年20万円で推移していた理事会の活動費用が倍増していた。18年には60万円ほどに上昇している。さらにドリンク代の名目で18万円の支出もあった。何に必要か分からない工事の項目も目についた。大規模修繕の工事費用についても、金額面で疑問を持った。区分所有者たちに、自分たちが預けた管理費用の透明性が担保されていない可能性を提示する。そんな戦略を展開していった。

ただし、理事会の応対もまた周到に用意されていた。総会の場での言及を避けて、「調べてお答えします」という対応に終始した。特に金銭が伴う議題については徹底しており、回答なしか、後日お答えする、の2択だった。

区分所有者にとって、理事会に対して意見を述べられる機会は1年に1度の総会に限定される。後日示された回答の妥当性を問うことは困難なのだ。参加者たちの目には真摯な回答ではなく、はぐらかしているようにしか映らなかった。

会場では、理事会に対しての不満が募りつつあった。有志の会が作り出した空気は、狙い通り区分所有者に伝播していく。「このままの勢いで総会の流れを支配したい」。有志の会の面々は高揚していた。

そんな雰囲気が一気に壊されたのが、議題が役員選任へと進んだ時だった。

「みなさんに役員を継続してもらいます」

吉野理事長が反対意見を遮るように放った一言が、理事会と参加者たちの力関係を示していた。過半数を超える委任状は理事会が保有していた。どれだけ住民が総会に参加し、総会で異を唱えようが過半数の委任状の前には意味をなさなかった。

候補者の名前が読み上げられ、承認するか、承認しないかの事務的な作業が行われていく。承認しない、という意見が出ても「私たちは過半数の賛同を得ている」と議論にすらならない。

参加者の中で「過半数の賛同」の重みを最も深く理解していたのは、おそらく手島だった。1年間の蓄積で培った区分所有法や総会運営の法律と照らし合わせても、理事会の言い分に対して反論できる余地はなかった。

有志の会のリーダー的な役割を担った手島は、活動の中では極力感情を押し殺すようにしていた。大勢が決まったこの場で、異を唱えることは得策とはいえない。だが、理事選任という重要事項を簡易的に進めていくやり方にどうしても納得がいかず、思わず声を上げていた。

「せめて理事一人ひとりが自己紹介し、挨拶すべきではないか」

郵便はがき

おそれいりますが
切手を
お貼りください。

102-8790

東京都千代田区
九段南1-6-17
毎日新聞出版
営業本部 営業部行

ご記入日：西暦　　年　　月　　日

フリガナ		男性・女性 その他・回答しない
氏名		歳
住所	〒　　- TEL　　（　　）	
メールアドレス		

ご希望の方はチェックを入れてください

- 毎日新聞出版からのお知らせ ………… ☐
- 毎日新聞社からのお知らせ（毎日情報メール） … ☐

毎日新聞出版の新刊や書籍に関する情報、イベントなどのご案内ほか、毎日新聞社のシンポジウム、セミナーなどのイベント情報、商品券・招待券、お得なプレゼント情報やサービスをご案内いたします。

ご記入いただいた個人情報は、(1)商品・サービスの改良、利便性向上など、業務の遂行及び業務に関するご案内(2)書籍をはじめとした商品・サービスの配送・提供、(3)商品・サービスのご案内という利用目的の範囲内で使わせていただきます。以上にご同意の上、ご送付ください。個人情報取り扱いについて、詳しくは毎日新聞出版及び毎日新聞社の公式サイトをご確認ください。

本アンケート（ご意見・ご感想やメルマガのご希望など）はインターネットからも受け付けております。右記二次元コードからアクセスください。※毎日新聞出版公式サイト（URL）からもアクセスいただけます。

この度はご購読ありがとうございます。アンケートにご協力お願いします。

本のタイトル

●本書を何でお知りになりましたか？（○をお付けください。複数回答可）

1.書店店頭　　2.ネット書店
3.広告を見て（新聞／雑誌名　　）
4.書評を見て（新聞／雑誌名　　）
5.人にすすめられて
6.テレビ／ラジオで（番組名　　）
7.その他（　　）

●購入のきっかけは何ですか?（○をお付けください。複数回答可）

1.著者のファンだから　　2.新聞連載を読んで面白かったから
3.人にすすめられたから　　4.タイトル・表紙が気に入ったから
5.テーマ・内容に興味があったから　　6.店頭で目に留まったから
7.SNSやクチコミを見て　　8.電子書籍で購入できたから
9.その他（　　）

●本書を読んでのご感想やご意見をお聞かせください。
※パソコンやスマートフォンなどからでもご感想・ご意見を募集しております。
詳しくは、本ハガキのオモテ面をご覧ください。

●上記のご感想・ご意見を本書のPRに使用してもよろしいですか?

1. 可　　2. 匿名で可　　3. 不可

理事長はこの要求を聞いた。再任候補者が1人ずつ自己紹介を行い、不適切な支出ではないかという有志らの追及にざわついていた出席者たちも、選任場面では再任を支持した。役員の継続があっさりと決まり、総会は閉会する。完敗だった。

会場では〝無力〟な住民たちが行き場をなくしていた。

委任状集めを始めて浮上した問題点

「いったい何の茶番を見せつけられたんだ」

総会会場に足を運んだ中島は、憤りを隠せないでいた。参加する前は、住民たちの訴えに対し、懐疑的な部分がなかったかといえば嘘になる。間もなく平成の時代も終わろうという中、時代錯誤《さくご》甚《はなは》だしい、常軌を逸したような管理が本当に行われているのかという疑問が拭いきれなかったからだ。それも東京の一等地で。

自らの目で判断しようと、この年初めて総会に参加する。開始数分で確信は得られた。むしろ、自身が白子で見聞きした吉野理事長の人物像と、会場での独裁的な姿は一致した。想像を大きく超えていた。

外部オーナーである中島にとって、幡ヶ谷の管理組合が作り出したルールの数々はさほど関心があるわけではなかった。適正な運用で資産価値を高めたい、という意図も希薄だった。だが、吉野理事長を含む理事会の横暴な態度は見過ごせなかった。

「単純に彼らの言動が人として許せなかったんです。白子の方々から聞いていた以上に、吉野理事長たちの〝対話は必要ない〟という態度に強い怒りを感じました。何から何まで白子のケースと似通っていたのです」

総会終了後、中島は初めて有志の会の面々と顔を合わせた。そこで改めて挨拶をし、協力を申し出る。この時点で、理事会に対して異を唱えるメンバーは佐藤を除くとほぼ女性が占めていた。意思決定においても、手島にかかる責任が日々重くなっていた。中島の参加は大きな力となった。手島が述懐する。

「実行する体制や面子《メンツ》は少しずつ揃いつつありました。ですが、ちょっとしたことで相談したり、戦略を考える立場の人は不足していた。中島さんが会に入った時は、軍師を得たような感覚でした。特に大きかったのは、私たちと違う視点、より広い視野で理事会に対して向き合っていたことです」

2019年4月から、賛同を得た組合員に対し、委任状集めの活動が本格的に始まった。月に1〜2度の定期的な会合も続けた。中島も茨城県の自宅から2時間弱の時間をかけて、渋谷区幡ヶ谷まで通うようになった。

まずはアンケートと同じように、郵送で回収することを試みる。委任状は手島が調べた上で作成した。この頃には、賛同者の数は80名近い数になっていた。ただし、実際に委任状が戻ってきた数は20程度。委任状を託す、ということの心理的ハードルは非常に高かった。

原因はいくつか考えられた。一つが、19年の通常総会において理事会によって完膚なきまでに叩きのめされたという事実。有志の会の存在は、理事会に対して強力な対抗勢力になりうると考えていた賛同者もいた。しかし、通常1カ月後に発信される議事録も発信されない。理事会によって作成された総会報告書には抵抗の痕跡はほとんど見当たらなかった。賛同していても総会に参加していない区分所有者の中には、肩透かしをくらったように感じた人がいても不思議ではない。役員の方がはるかに上手だった。有志の会は、総会を受けて賛同者たちに報告とお詫《わ》びの連絡を入れている。謝意を伝えた上で、継続的な協力の同意を求めていった。

二つ目は、住民の中での温度差が挙げられる。確かに協力を申し出る者は増えつつあったが、主たる活動者は発足当初からほとんど変わっていない。特に定期的な集会に参加する面子は変わり映えせず、ほとんど増減はない。すでに固定メンバーとなりつつあった。

積極的に賛同するグループ、どちらかというと賛同だが中立に近い立場の者、最後に管理組合側、有志の会のどちらかに肩入れするわけではなく、資産価値は下げたくないが面倒には巻き込まれたくない、というような3層に分かれていたと推察される。選挙でいうところの無党派層に近い、この三つ目の層を取り込むひらめきが欠けていた。

そして、最大の理由は、賛同者間のゴールイメージのズレだった。過半数の委任状を得ることの難しさは、有志の会での1年間の活動を経て、誰もが感じていた。仮に活動を続けたところで、どれだけの時間が必要になるのか、明確な答えも示せない。手段についても、一部の賛同者たちが、より早期的な解決策を模索し始めた時期とも重なる。

実際に、初期メンバーとして熱心に活動してきた佐藤ですら困惑していた。手島が実働的な舵《かじ》取り役だとするなら、佐藤は印刷物や郵送物などの物資や金銭的な面でのサポートを担った。二回りほど年齢が離れた女性たちがコアメンバーを占める中で、最年少（40代前半）の佐藤にとっては、やりづらさを感じる部分もあったことは想像に難くない。

「時間がかかることは理解していました。ただし、ここまで時間がかかるとは想定していなかった。家族と過ごす時間、仕事の時間を削ってまで、有志の会に時間を割《さ》き続けることに意味があるのか、とも考えるようになっていた。自分たちの行動が合理的な選択といえるのか、確信を持てなかった。当初の決意や熱量が揺らぎ始めていました」

佐藤の他にも、有志の会の中ではより直接的に理事会への抗議を訴える者もいた。それは不透明金などを理由にした刑事告訴や、弁護士を通じて吉野理事長への解任請求を行うというものだった。ただし、いずれも空論の域を出るものではなかった。仮に告訴が受理されたとて、理事長の解任には直結しないことも手島は理解していた。解任請求を起こすにしても、現状では証拠を明示できない。一部の意見を、手島や穏健なメンバーが諫める場面も見られるようになっていた。手島が言う。

「2度の総会を経て、理事会に対して憎しみの感情が高まっていた時期でもありました。集会が行き詰まると、自然と理事会の悪口に話が帰結してしまう。だから客観的な事実や第三者的な意見を多く集める必要性があった。誰もが納得することは難しいかもしれませんが、少しでも説得力を持つ方法を探しました」

中には、協力はしたいが有志の会には参加したくない、という者もいた。後に理事となる区分所有者の一人は私に当時の心情を吐露した。

「管理組合のやり方には不信感がありました。ただ、正直にいうと有志の会のやり方や言動にも違和感があったのです。同じ土俵で罵詈雑言《ばりぞうごん》を浴びせ合う総会の様子を見聞きすると、『どっちもどっちじゃないか』とも感じていました」

有志の会が団結するためにも、委任状の回収率を上げることは必須だった。試行錯誤の末に、弁護士名義で告知を行うという結論に行き着く。手島は専門知識を持つ有識者へ見解を問うことと並行して、有志の会の顧問弁護士を探し始めた。3人の弁護士を抱える管理組合に対抗するためには、法律面での先導者を見つけることが急務だった。

ネット上で検索をかけると膨大《ぼうだい》な数がヒットした。これまでの人生で法律相談をした経験は皆無。絞り込もうにも何を要素にすべきかの判断がつかない。そこで、マンション管理や民事訴訟に実績がありそうな弁護士を選定した。ホームページ上に記載された問い合わせやメールフォームに、可能な限りの情報を詰め込み送信していく。しかし、反応はどうも芳《かんば》しくない。相談料や具体的な相談に行き着く前に、依頼を断られるケースがほとんどであった。理由はいずれもほぼ同じ、

「委任状の集まりを見ると現段階ではアドバイスのしようがない」

そんな回答だった。

新たな「場」をつくる効果

ほぼ唯一、港区にある法律事務所だけが好意的な反応を示した。

「管理組合のやり方が下手だよね。普通はもっと〝うまく〟やる。組合員と揉めることは理事たちにとっても百害あって一利なし。とてもプロ理事とは言えない」

すでに何十という法律事務所を回っていた手島にとって、問診票の時点で門前払いを食らうことにはすでに慣れつつあった。やっと会話ができる弁護士が現れたことに安堵《あんど》した。

協議の上、弁護士名義で作成した委任状の呼びかけや、管理組合への公的な質問文などの送付を実施していくことになる。

これには一定の効果があった。有志の会の本気度が伝わった面もあるのだろう。夏頃には40ほどの委任状の回収に成功したのだ。

そして、有志の会とは別の組織も立ち上がる。マンションの運営全般を考える、「自治会」の存在だ。この会を主導したのも、やはり手島だった。

「『有志の会』の名では〝露骨な反対派〟だと思われ敬遠される。参加しやすい『自治会』という公的組織を受け皿にすべきだ』と中島さんからアドバイスを受けました。名前の印象だけで、『有志の会は文句と愚痴の不毛な会』と参加もせずに決めつける所有者もいるほどだったので。有志の会に参加はしたくないけど、管理組合を何とかしたい。そんな方々の受け皿となればいい、と当初は想定していたのです」

有志の会と自治会、共に名を連ねる人もいた。桜井や今井もそうだった。有志の会が目的達成型の組織だとするなら、自治会はより対話を重視する運営方針だった。

健全なマンション自治のためには、何が足りなくて、何が必要となってくるのか。今困っていることは何か。日常的なやり取りを議題とし、問題や疑問を整理することで、相乗効果を狙った。

手島の定義によれば、「自治会は情報交換の場」。それに対して、有志の会は「実践活動の場」であった。加えて、「自治会にはもう一つ大きな役割がありました」と、桜井が自治会の隠れた存在意義をこう分析する。

「手島さんの考えることを少しでもお手伝いする、というのが自治会に集まる人の目的だったと思います。私たちはチラシや資料を作ることや、外部の人とやり取りすることはできない。ですがチラシを配ることや、周りの人に宣伝することはできる。会でお菓子を用意したり、みんなが発言しやすい空気づくりもそうです。今の管理組合を何とかしたい。それができるのは手島さんだ。だから彼女を信じてついていく。口には出さないけど、そういう目的意識がはっきりしていました」

住人の〝気づき〟となった大騒動

自治会の会合は、区の集会所を借りて、月に1度の頻度で開催された。桜井や今井の貢献もあり、「聞くだけなら」と訪れる人もいた。参加者の中には理事会の対応を〝当たり前〟だと思い込んでいた者もいた。田中裕子《たなかゆうこ》(仮名・60代)も、その一人だった。

「以前は借り上げの社宅として住んでいたので、そもそもマンションのルールを深く考えたことがなかったんです。ただ、入居する際に管理人から職歴や学歴、勤務先まで事細かく聞かれて不快な思いをしたことがあった。『なぜ答える必要があるのですか？』と聞くと、『警察が住民情報を集めるのと同じだから』と話していました。その後、理事長との入居者面談もありました。実際に住み始めてからも、自転車の乗車ルールで理事に怒鳴りつけられたり、不可解なことはたくさんあった。それでも、マンションに住むということこんなものなんだ、と半ば諦めていました」

田中はもともと有志の会の存在は耳にしていた。区分所有者宛の郵送物がきっかけだった。2019年には区分所有者にも、有志の会の反対運動はある程度知れ渡っていた。18年頃から、マンションの掲示板でも管理組合が有志の会の活動を公然と批判している様子も、度々目撃していたという。

真偽を確かめるべく総会に参加するも、両者のあまりの激しさに気後れが生じた。過激な運動に加わることに良識が自制をかけた。田中にとって有志の会は、総会時の負のイメージが定着してしまっていた面もある。

しかし、自治会で見たのは、住民たちがマンション自治について冷静に話し合っていく姿だった。田中が思い描いていた有志の会とは少し毛色が異なり、友人同士のお茶会のような穏やかな雰囲気は、苦にはならなかった。

「根底には、執拗に個人情報を聞き出す理事たちの対応にずっと引っかかりもあった。これくらいの緩い感じなら私にも協力できることもある、と感じたのです」

それでもまだ、積極的に運動に参加をするとは決めかねていた。

この時点では、田中のように有志の会に対して慎重な見方をする区分所有者が大半だった。むしろ、マンションの中で有志の会を異分子として捉えていた人の方が多かったかもしれない。しかし、ある騒動を機にわずかに潮目が変わる。

19年の8月30日。時刻は午後3時を回っていた。当事者は管理人の大山と不動産業者の男性社員だった。出入りの不動産業者である安田《やすだ》(仮名)は、エントランスで大山に呼び止められる。この日は、購入希望者の代理で売り出し物件の内見に訪れていた。

先述の通り、管理組合は外部からの業者の出入りに目を光らせていた。それは仲介を行う不動産業者に対しても同じだった。原則として、組合が許可した不動産業者しか取引は行えない。これは有志の会の面々の証言で一致していた。大手の不動産業者は軒並み入館すら拒否されていた。ただし、それはあくまで管理組合側のルールでしかない。

安田は大山に呼び止められ、「どこの業者だ？　名刺を出せ」「売主の許可はあるのか？」と尋ねられた。「購入希望なので、売主さんではないです」と答えると、「あなたは出入りできない」「許可もなく来たのか。じゃあ出禁だな、帰れ」と高圧的に命じられる。

何度か会話のやり取りは続くも一本調子で「出ていけ」と強制的に退去を言い渡された。横柄な態度に安田も意固地になった部分もある。すると突然大山が木槌《きづち》を持ち出し、安田に向けて振り上げ威嚇した。言い争いを見ていた住民の一人が驚いて悲鳴を上げる。身の危険を感じた安田が警察に通報し、パトカー3台、警官10名が駆けつける大騒動へと発展したのだ。

警察の事情聴取は2時間程度を要した。その間に住民たちが続々と帰宅してくる。騒ぎを嗅《か》ぎつけた館内にいた野次馬たちの姿もあった。理事の数名も沈静化を図るべく、現場にいた。

「暴力は間違っています。謝罪して下さい！」

「そっちが悪い！　必要ない！」

両者の言い争いは延々と繰り返されていた。

そんな様子を見て、理事の一人が助け舟を出す。

「そっち（業者）が悪いんだから、管理人の行動は正当ですよ」

理事会は警察に対して、こう主張をした。

安田は後に私の電話取材に答えている。当時の不毛なやり取りを思い返すと、まだ怒りが収まらないような強い口調だった。

「管理人の高圧的な態度、いきなり木槌を持ち出してきたことに驚いたというのが正直なところです。ただ、より違和感があったのは管理組合の理事が管理人の威嚇《いかく》行為を正当化していたことでした。限られた小さなコミュニティの中で育まれた、独特の空気や倫理観に憤りと恐怖を感じたのです」

偶然、その現場に出くわしたのが田中だった。17時半頃にマンションに着くと、入り口で入る、入らないで両者が揉めていた。30人ほどの住民たちがその様子を息を殺し見守っている。管理人の大山が金切り声を上げ、理事たちは彼を全面的に擁護していた。安田は引く様子は見せなかったが、表情には色濃い疲労が見えた。時計の針が19時を回っても、騒動はまだ続いている。田中はただただ呆然《ぼうぜん》と眺めることしかできなかった。

「これは普通のマンションではない。やばいマンションだ。なんてところに来てしまったんだ、と強い後悔を感じた出来事でした」

その日の夜、掲示板には管理組合の名義で1枚の紙が張り出された。「お知らせ」と題された内容に、田中は思わず目を疑った。

本日、15時半ごろより、不動産業者2名と管理員のトラブルに関して、警察が来館するなどの騒動になりました。警察官が介入し、両者双方が謝罪しあって、納得の上解決に至りました。居住者の皆様には、ご心配とご迷惑をおかけ致しました。お詫び申し上げます。

田中の目には、不動産業者が納得したようにはとても見えなかった。こんな簡易な張り紙で、事件を目撃した住民の理解を得られるとは思えない。張り紙は翌日にはなくなった。

後日、田中は正式に自治会への参加を決めた。

「これは放置できないな、と。ただ、安心した暮らしをのぞむには、理事会に管理を任せることが正しいことなのか、自治会に賛成すればいいのかを見極めないといけない。助けを求める意味で、『私はどうすればいいですか』と、手島さんに尋ねた。私は事なかれ主義で、宙ぶらりんでの状態を続けていました。だから、話を聞いて納得した上で参加するということは、私なりに覚悟を決めた瞬間でもありました」

有志の会の活動を後押しする新たな民事訴訟

もう一つ、有志の会にとって大きな後押しとなったのが新たに開始された民事訴訟であった。

2019年9月9日。中島は吉野理事長に対して、「帳簿等閲覧謄写《とうしゃ》」を求め東京地裁に提訴した。平日の午前9時から午後5時までの間、何時でも、帳簿の閲覧・謄写資料目録に記載の資料を閲覧、または謄写させろ、という趣旨のものであった。

今後の展開を考慮し、帳簿や帳票という客観的な資料の必要性を感じていた中島は、6月頃から理事長に対し、弁護士を介して「財産である本件建物の管理状況について、本人による確認を希望する」と通知書で求めていた。具体的に開示を求めたものは、以下の四つとなる。

（1）収支計算書
（2）貸借対照表
（3）勘定科目明細書
（4）収支計算書の説明書及びその根拠となる領収書、契約書、請求書、発注書（写し）、通帳（原本）、定期預金証書（原本）のすべて

ごく簡単にいうと、収支決算書の裏付けとなる証拠の閲覧許可を求めていたということだ。これを受けて管理組合は、下記の条件をつけてきた。

・管理規約上、閲覧請求の主体は組合員とされており、原告本人から書面により閲覧請求されたい

代理人弁護士を通さない理由などは明言を避けていた。度々の通知書では埒《らち》が明かないと判断した中島は、提訴に踏み切った。

開示を求める理由として、訴状には下記のような法的根拠も示されていた。民法第645条、マンションの管理の適正化の推進に関する法律に従い、マンションの所有は管

理組合にはないこと。会計帳簿類の閲覧・謄写請求の拒絶を認める合理的な理由が存在しないこと。組合員である原告（中島）には閲覧の権利があることなどを主張した。

さらに、前述の法律に沿って、改めて以下のような点を求めた。

・管理組合は、マンションの区分所有者等の意見が反映されるよう適正な運営を行うことが重要であること
・管理組合の運営は、情報の開示、運営の透明化等、開かれた民主的なものとする必要があること
・管理者等は、必要な帳票類を作成してこれを保管するとともに、マンションの区分所有者等の請求があった時は、これを速やかに開示することにより、経理の透明性を確保する必要がある

つまり、区分所有者の一人として、管理組合に経理上の透明性を求める権利は当然にある、というのが中島の主張だったというわけだ。中島が言う。

「過半数の委任状をもとに、独自ルールの制定や運営を行うという争点で闘うことは困難でした。しかし、持ちうる権利の行使に関しては違う。区分所有者として当たり前の『知る権利』に対して、管理組合が応じるのに躊躇《ちゅうちょ》する理由が到底納得できるものではなかった。有志の会の全員が同じ方向を向くのではなく、視点を変えた闘い方も必要だと考えたのです」

訴訟の背景には、有志の会の中で直接的な理事たちへの抵抗を求める意見が根強かったことがあったのかもしれない。中島はあえて口には出さなかったが、会全体の勢いを止めない、という意図もあったのではないだろうか。ここから5年超にも及ぶ、司法上の闘いも繰り広げられることになる。

有志の会にとって、現在進行形で管理組合と係争しているという事実は賛同を得る上で好材料となった。経理上での透明性については住民の中でもかねてから疑問視する声が上がっていたからだ。事実、直接的に理事長に対して法的な手段で抗議をしたことに対して、賛同者が集まったところもあった。夏以降は賛同者数が急増し、19年の12月時点で、賛同者の数は80近くまで膨れ上がっていた。

1年間の活動で約80。過半数という目標に向けて、十分すぎる数字でもあった。翌年の1年間の活動を経て、21年の総会で役員交代を試みる――。有志の会のメンバーはそんな絵図を描いた。

手島の体に起きた異変

一方、この頃手島の体には異変が起きていた。慢性的に体に熱っぽさを感じ、翌日以降も疲労が残る日が増えてきた。検診に行った結果、ステージ2の乳がんが発覚した。

本人は「日常生活に大きな支障はなかった」と強がってもみせる。しかし、治療と並行して週6日フルタイムで働きながら、深夜は有志の会の資料作成。週1日の休日はほとんどを会のために費やす生活で健康に支障がないはずもない。

抗がん剤の副作用で髪の毛が全て抜け落ちながらも、帽子やウィッグでごまかして集会に参加した。手術の前後ですら有志の会、自治会の集会への参加を一度も欠かさなかった。職場でプロジェクトチームの一員に選ばれたことでも、違った気疲れを伴った。それでも、手島の中で、会の活動を休むという選択肢は微塵も浮かばなかった。

「がんが怖くなかった、と言えば嘘になる。それでも病気で倒れることよりも、せっかくいい流れが来ていた有志の会の活動が止まってしまうことの方が怖かったんです」

治療が進んでいくと体には負担が強くなっていく。点滴治療のあとは、決まって全身が重くなって倦怠《けんたい》感もつきまとう。そんな状態でも変わらぬ態度でいようと努めた。

手島は理事会打倒まで、病気のことは仲間たちに一切伝えてこなかった。過度な心配をされたり、同情を誘うような行動は、会にとって決してプラスにならないと判断したためだ。

私が後に、取材を通して抗がん剤治療の闘病生活にあったことを伝えると、有志の会の面々は驚きを隠しきれない様子だった。

「何で手島さんは言わなかったんですかね」

こう私に尋ねる者もいた。手島は自分がいないと、会から抜ける人々がいるであろうことを予期していたのだ。責任感というよりは、もはや使命感に近い感覚だった。

献身、という言葉では片づけられない手島の奮闘もあり、委任状集めは順調に推移していく。手島は19年を総括して、こう述べた。

「このままいくと理事会交代までいく、という手応えは感じていました。ネガティブなことを考える時間すらも惜しかった」

だが、そんな手島の目論見《もくろみ》はもろくも崩れ去ることになる。20年に日本ばかりか、全世界を襲った新型コロナウイルスの波が、会の活動を滞留させることとなった――。

第4章

変化を受け入れ再出発

「今ではない。
来年の役員改選が勝負になる」

〝悪評〟も一時と高をくくって入居したが……

多鹿英和《たじかひでかず》(46)は、最も所有歴が浅い区分所有者だった。

2019年6月、秀和幡ヶ谷レジデンスの売買契約を結ぶ。しかし、入居前から衝突が起きる。管理組合からの横槍《よこやり》が入ったのだ。「入居前面談が必要だ」と、不動産会社から告げられた。仲介した不動産会社からは「外国人やミュージシャンなどを嫌うため素性を調査し、住民の生活を脅《おびや》かさないかの事前調査である」と説明を受けたという。

当時、東京23区の東端にある江戸川区小岩《こいわ》の賃貸マンションで暮らしており、結婚を機に幡ヶ谷に移り住む予定だった。賃貸の解約時期もあり、多鹿は早めの引っ越しを望んでいた。ただ、一向に管理組合から「面談」の日時の連絡が来ない。ようやく面談の日程が決まったのは2カ月後のことだった。

面談は2度に分けて行われた。最初の面接は管理人の大山が相手だった。なぜか管理室の窓口越しに話しかけられ、180㎝近い多鹿は膝をつくほど体を折り曲げ、かがんだ姿勢で応対した。

「管理人のこの態度はふざけているのか」

「そもそもなぜ理事会の面談が必要なのか」

新生活を控えていたこともあり、喉元《のどもと》まで出かかっていた言葉をぐっと呑み込んだ。売主と売買契約を交わすも、理事会から「契約内容を白紙に戻せ」と干渉があった。

2カ月半後、吉野理事長との面談を経てようやく理事会からの許可が下りた。その後も事務手続きなどに時間を要し、入金は10月に入ってから。入居したのは、売買契約から4カ月も経ってからだった。度重なるやり取りを受け、多鹿はこう考えていた。

「本当にネット上に書いてあった通りだな」

実は多鹿は秀和幡ヶ谷レジデンスの〝悪評〟を調べた上で区分所有者となっていたのだ。ネットでマンションの口コミを調べると、数々の否定的な言葉が並んでいた。それらを読み込んだ上で購入を決めたのは、渋谷区の一等地で3000万円台という破格の条件に依るところが大きかった。多鹿には「今の時代にこんなルールがいつまでも続くはずがない」という目論見があった。

理事会に対してある程度の想定はしていた。それでも、実際に区分所有者となるとネット上の悲鳴や想像を上回る出来事にみまわれる。まず、引っ越しの当日、搬入物の持ち込みを管理人の大山から拒否された。服飾関係のパタンナーである多鹿は、自らの職業について面談で伝えていた。ところがテーブルや足踏みミシン、アイロン台という精密機械を引っ越し業者がクレーン車で搬送している時に、大山が飛び出してきた。

「こんなことは前代未聞だ!!　今すぐ外に出せ」

搬入物をこれもダメ、あれもダメと業者を追い返そうとする。職業に関係がないダイニングテーブルも業務用だと断定され認められない。いくつかの荷物を部屋に運び入れられないまま、時間は17時を迎え、「業者の立入禁止」時間となった。

入居時のトラブルゆえか、入り口の夜間用タッチキーも1週間手渡しを拒否される。仕事から帰ってきた新婚の妻に事情を説明すると、ただただ呆気《あっけ》にとられていた。

管理組合の体制も込みで、妻を説得した上で購入した。覚悟は決めていたつもりだったが、とても耐えられそうにないと、初日に気づかされた。それと同時に確信する。

「300世帯も人がいて、全員が黙っているはずがない。理不尽と闘う人が出てくるはずだ、と。ただし、それは新参者の自分が中心となるべきではない。必ず体制が打ち倒される中で、自分も出来るだけのことはしたい、と早々に決意しました」

その後、多鹿はマンション内の掲示物で〝怪文書〟(有志の会の投函書類)が出回っていることを知る。どうやら反理事会の運動者がいるらしきことは分かった。入居間もない多鹿には、それが誰であるか皆目見当がつかない。いつかは接触があるはずだ、と待ち続けるも、有志の会からのコンタクトはなかった。そんな折に届いた総会案内。多鹿は意を決し足を運んだ。

総会で目にした異様な光景

2020年2月26日。晴天のもと、この年の通常総会が行われた。会が始まって間もなく、多鹿は異様な光景を目撃する。吉野理事長が住民へ向けて強烈な言葉を投げかけていた。


「我々は政治団体ではないのです！」

「同じ屋根の下、同じ住民同士でこんなことするなんて」

「私たちはマンションを守る使命があるのです！」

「こんないい加減なこと書いて！　酷いじゃないですか！」

「去年の大型台風の時、みなさんが眠ってる時間に、そんな時間に私たちは……」


区分所有者からの質疑を受けての発言だった。「我々がいかにマンションのために努力や労力をかけているか」、理事会のそんな主張が続く。すると、5分ほど話したところで会場からため息交じりに声が上がった。

「まだ続くんですか？　早く議題に入って下さい」

多鹿は冷静な声を聞いて、胸をなで下ろした。

役員改選の年でもない平日の総会に、52名が出席していた。会場は、用意した机の椅子に座りきれない出席者が壁沿いのパイプ椅子に座る満員状態。

多鹿の記憶では、中島が白子での事件を詳細に説明していることが印象的だった。吉野理事長が白子の理事長も並行で行っていること。選定した業者が重なっている点。それらをつまびらかにしていた。中島の発言を受けて、議長が制止するように返答する。

「利益誘導はしていませんから」

すると、今度は女性参加者が呼応する。

「私は長年理事会に理不尽にいじめられ続けてきました」

彼女の叫びが、この日聞いた中で最もリアルに多鹿には聞こえた。

しかし、それに続く、「男の人を連れ込んでいましたよね」という理事の一人からの辱《はずかし》めのような発言により、女性は口を閉ざしてしまう。

総会ではかねてから問題視されていた入居者面談についての議題も上がった。吉野理事長は、〝怪文書〟(有志の会の投函書類)の内容に触れ、すかさず否定する。

「こんないい加減なこと書いて。やっていませんから」と、強い口調で反応した。この日は、入居前面談等で賃貸希望者を却下された区分所有者が3名も出席していた。当然反対意見も飛んだ。多鹿も同様に面談を受けていたが、あえてその場では声を上げなかった。

議事は淡々と進んでいく。管理組合側は肝心な質問はうやむやに濁し、早く閉会させようとしているようにも映った。

「今ではない。来年の役員改選が勝負になる」

多鹿は勝負の日を予感していた。

活動の自粛——最も辛い半年間

2020年2月の総会を終えて、有志の会の一部メンバーは手応えを感じていた。次回の役員改選で、勝負をかけられるのではないか。そんな感触をつかみつつあった。最大の理由は平時の総会の参加者が増えてきていたこと。加えて、委任状の集まりが80に届いていたことだった。

しかし、新型コロナウイルスの蔓延により、集会や活動に大きな制限がかけられることになる。以前より、活動資金を得ることも重要課題であった。19年に会則を作り、自治会で口座を開設した。これを最後に、集会所の閉鎖に伴い、月に2度開いていた集会は自粛を余儀なくされる。

「最もツラい時期を挙げるなら、20年3月からの半年間ですかね。そもそも満足な活動がほとんどできなかったので。これまで苦労して積み上げてきたものが手から崩れ落ちていくような感覚でした」

手島は、後にこう振り返っている。

世間の風潮に鑑《かんが》みても、とても開催に踏み切ることはできなかった。住民の中には仕事を失う可能性がある人、生活に不安を抱える人もいた。賛同者に高齢者が多いことから、集会によるクラスターの発生を恐れた面もある。

有志の会や自治会と日常生活を天秤《てんびん》にかけた時、大半の住民が自分の生活を優先した。手島にはそのことを咎めることなどできなかった。そんな中でも月に1度のメルマガ配信だけは継続した。

ようやく有志の会の活動が再開したのは、4カ月後、7月24日の昼下がりであった。通常であれば固定メンバーが10名ほどは参加していたが、この日は手島、今井、桜井の古参の3名の参加に留まった。

「前年のことが嘘のように、委任状の数（の増加）も止まってしまった。それどころか、賛同者から抜けていく人もどんどん出てきたのです。集会すらままならないのですから、仕方ないですが、ゴールが見えない絶望感があった。ただ、私が折れると本当に終わってしまうかもしれない。病の身でも何とか顔に出さないように振る舞っていました」

プロローグで記したように、そんな折に私は佐藤と出会った。後に聞いた話だが、マスコミの取材が入ることに対して慎重な意見も少なくなかったという。

「取材により秀和幡ヶ谷が荒らされるのではないか」

「自分たちの生活に弊害が生まれるのではないか」

こんな声が上がった。おそらく私が区分所有者でも同じように感じただろう。これまで配慮に欠けたマスコミ取材が原因で活動が崩壊してきた現場を数々見てきた。マスコミを警戒する彼らの感覚は概ね正しい。むしろ、その慎重さゆえにここまで活動が成り立ってきたのだろうと想像がついた。

行政や警察、司法も議員も動けない。そんな中で、藁《わら》にも縋《すが》るような気持ちでイチ記者である私に、人を介して佐藤からのコンタクトが届いた。

「正直に言うと、今後どうしていいのかもう分からなかった。理事会に委任状を預けている人たちは、有志の会の言動を『妄想だ』と捉えているような節すらあった。理事会がそう吹聴していたから、そのまま信じていたんだと思います。加えて、理事会のルールなど管理状況を一切知らなかった、知ろうとしなかった人たちも一定数いた。その見解を崩すには、我々の活動だけでは限界が来つつあった。もしかしたら一つの報道が流れを変えるかもしれない。そう信じるしか他に選択肢がなかったんです」

佐藤と何度かやり取りしたあと、私は「できるだけ多くの角度から証言を集めたい」と求めた。記事の構成としては、有志の会と管理組合の互いの意見を掲載する〝紛争〟報道にするしかないと考えていた。そんな中でも、区分所有者たちの切なる声はとくに細かく拾っておくべきだ、と判断した。

ここからの佐藤の行動は迅速だった。新宿の事務所で会ったあと、すぐに有志の会を集める段取りを組んだ。コロナ禍のため、せいぜい2〜3人の参加だろうと高をくくっていたが、10名ほどが区の集会所に集まった。ニット帽を被り、頭部を隠した手島の姿もあった。

有志の会の主張は、これまで記してきた管理体制の是非を問うものが大半だった。その上で、

①大幅な管理費値上げの見直し
②国が推奨する総会運営の実現
③マンションのお金の流れの明確化（第三者機関などへの調査依頼）
④避難経路の常時確保、外階段の常時施錠の撤廃
⑤デイケアなど、介護・医療機関の出入り制限の撤廃
⑥希望者には「バランス釜」から「ユニットバス」への変更を許可すること

⑦現管理組合の固定理事による執行部長期体制の見直し

の7点を管理組合に求めていくという趣旨だった。さらに、一部の不動産業者への売買の解禁やタッチキーの付与についても言及した。

当時の私の取材メモを見返してみると、印象深い言葉に二重の赤線を引いていた。

「生活に自由がない」

「私たちは普通の暮らしを求めているだけ」

強烈な内容の管理ルールよりも、住民たちの口から次々とこぼれ出る率直な言葉に対して、心が動かされていた。

相場の30~40%でも売れない!?

この日の参加者の中に、1人興味深い立場の人間がいた。渋谷区代々木に不動産会社を構える島洋祐《しまようすけ》(41)だった。

島は数カ月前に、ある不動産会社から請われる形で、秀和幡ヶ谷レジデンスの1室を法人名義で購入していた。発端は「オーナーが管理組合に強い不信感を持っており、たたき売りでもいいから手放したい」と相談を受けたことだった。渋谷区の一等地であれば、転売すれば利益が出るはずだ。そんな皮算用のもと、格安ともいえる金額で島は購入を決めた。

売買契約を結ぶ前、島は視察に訪れている。習慣的に外観の写真を撮っていると、管理人の大山が「何をやっているんだ、お前は!!」と小走りで追いかけてきた。「撮った写真を全部消せ」と威圧的に凄まれ、その場で消去を強制された。数多《あまた》の売買を成立させてきた島にとっても、初めての経験だった。

管理人には面食らったが、立地を考えると売れるはずだ。内外装もヴィンテージマンションにしてはきれいに保たれていることも加点要素だった。ただ、島の培ってきた不動産業界の常識は、秀和幡ヶ谷レジデンスには当てはまらなかった。

「相場から30~40%に設定しても、全く買い手がつかないんです。非常に売りづらいマンションで、その理由は理事会の存在に凝縮されていた。不動産屋から問い合わせが来ても、管理の実態を告知義務として伝える必要がありました。そうすると、見事にスーッと引いていってしまう。世帯数が多いと組合の交代のハードルは一層高い。正常化には何年かかるか分からない、というのが当初の印象でした」

購入から間もなくして売却を半ば諦めた島は、賃貸で貸し出すことにした。入居者はあっさり決まったが、早々にトラブルに直面する。水漏れが生じた際に、借り主が管理人に相談すると工事業者を手配したという。そこで「オーナーには報告するな」とした上で、後日、工事業者から数十万円の請求書が島の会社に届いた。

「何の権限があって勝手に高額の工事を行ったのか」

島は激怒し管理人を問い詰めたが、要領を得ない説明しかない。支払いを拒否したことで、直接的な嫌がらせともとれる行為にも遭った。水漏れ後に空室になり、別の借り主を探そうとすると、入居者面談でことごとく落とされたという。賃貸もおぼつかなくなり、困り果てた島は、内容証明郵便を送付したが受け取りを拒否された。

理事会の言い分はこんな趣旨のものだった。前オーナーが売却を検討していた際に、吉野理事長から「勝手に売るな」「ウチの指定した不動産屋で売れ」「そうでないと新しい区分所有者は認めない」という〝注意〟がなされた。書類上では売買契約は完了している。ただし、管理組合の承認を得ていないため、区分所有者として認めない、というロジックだ。正当性が危ぶまれる理屈ではあるが、島の他にも秀和幡ヶ谷レジデンスで同じような経験をした者は複数名いたことも記しておく。

プロも驚く有志の会の知識量

島が有志の会に参加したのは、会社に突然かかってきた電話がきっかけだった。そこで交わした会話で会の存在を知り、手島たちと会うことになる。島は不動産屋的な立場からアドバイスができることがある、という自負があった。しかし、有志の会が蓄えてきた知識は膨大なもので、島を驚嘆させる。

「そもそものベースとして、彼女たちはマンション自治を深く理解していました。私が見てきた他のマンションの組合メンバーとは全く違った。もしかしたら、この人たちが本気で動いたら役員交代までたどり着くかもしれない。そんな期待感がありました。イチ不動産屋の知識ではなく、営業マンとして培った経験を会に還元するのが一番効果的である、と捉えたのです」

島はその後、委任状集めにおいて電話勧誘で大きな貢献を果たす。また、一人ひとりの活動費の負担を少なくするため、書類のコピーや郵送物などを自らの会社で買って出るなど、支援も惜しまなかった。

一方私は、住民たちの訴えを聞き終わると、様々な方面へと取材をかけた。法律の専門家や管理士などの見解も聞き、同様の事例を探す作業も行った。印象深かったのが、当時のマンション管理会社に電話すると、こんな対応を見せたことだ。

「我々は管理組合法人のまとめ役のような立ち位置であります。具体的に言うと、管理組合法人から連絡があり、修繕であったり、各種の建物に関する修理などを管理組合法人から請け負い、そこから工事業者や工事に関する人を探し、現場に送るという形をとっています。住民から直接こちらに連絡が来ることもありませんし、組合内での人事などにも一切携わらない。お金の面でのタッチもしません。また、我々から管理人を出しているという事実もありません。運営全般は管理組合法人が行っており、当社では関与していません」

つまり管理会社としては、組合運営や人事、独自のルールなどには一切関与を否定するという回答であった。

理事長直撃取材と書面回答

取材経過を「FRIDAY」の担当編集者である野崎に報告すると、吉野理事長を直撃して〝生の声〟を取ろうという運びとなった。取り繕うことのできる書面回答ではなく、突然の取材に遭遇した際の言動からは、より人柄が見えてくるはず、という狙いもあった。

まずは吉野理事長が経営する港区の会社に下見に向かう。大使館が近くに並ぶ雑居ビルの一室にある同社を訪れるも応答はない。そこで、自宅付近で帰宅する際をカメラマンと一緒に狙うことになった。

3日目の夜、国産高級車から降りてきたところを直撃した。

初めは驚きながらも、吉野理事長は次第に饒舌《じょうぜつ》に話し始めた。区分所有者たちから得た疑惑をぶつけていくと、こちらの質問に対して説明をしていく。理事会の管理体制について聞くと、質問を遮《さえぎ》り、

「簡単に言えばね、30年ぶりに管理費を値上げしたんですよ。それでね、結局ね、若い人たちとか最近買った人たちが来て、なんだかんだ言ってるわけ。それでね、誤解だと思うんですけど、開示請求に関しても、規約に基づいてね、本人が請求すればいいんだけど、最初から裁判で来たからこちらとしては何だよ、となってるわけ。全然嘘っぱちだから」

宿泊費用を請求された、という声についてはこう説明した。

「あのね、全然そんなことない。要するにね、ウチは入退去届けで5000円ずつ取るんですよ。規約で決まっているから。例えば親戚が来た、泊めてもね、お金取ることは全然ないから。ウチはね、シェアハウスとか民泊禁止なんですよ。それに基づいて、変な人たちが来て、ということを避けるためにね」

17時以降のヘルパー禁止については、

「それはね、業者としてね。ヘルパーというのは会社がいろいろありますよね。17時以降は入れないというのは業者としてね。ただ緊急の場合は私はそんなことしませんよ。緊急の場合は、救急車で24時間入れますからね」

と答えた。慣れが生じたのか、一つ答えると「どうやって駐車場を知ったのか」「住民たちがタレ込んだのか」などと、執拗に逆質問してきた。

20分弱の直撃取材の中で、吉野理事長が何度も繰り返した言葉が二つあった。

「9割以上の信任を得ている。みんな賛同している」

「全部嘘っぱちだから」

ここで話していても埒が明かないと判断した私は、後日質問書を送付するので回答を約束してほしい、と伝えて取材は終了した。

去り際に、理事長は私にこんな言葉をかけた。

「(住民たちの話が)おかしいと思わなかった？　聞いていて不思議だったでしょ」

こちらの表情をうかがいながら、どこか他人事のような言葉の余韻が耳に残った。

後日、編集者の野崎名義で質問書を管理組合に送付した。A4用紙5枚にまとめられた回答書の一部を、以下にそのまま抜粋する。

①介護ヘルパーがマンションへ出入りすることについて

管理組合は、平日夕方17時以降や日・祝日に介護ヘルパーがマンションに出入りすることを禁止しておりません。

マンションの居住者の中には、介護ヘルパーをタクシー代わりに頻繁に呼んだり、会社との契約を超えた用事を個人的に頼んだりする方がおり、介護ヘルパーが困り果てていたことがあったため、介護ヘルパーに利用者の方と話し合うようにアドバイスしたことがあります。利用者の一部の方がこのことを誇張して、管理組合は介護ヘルパーがマンションに出入りすることを禁止していると貴社に伝えていると思われます。

②救急隊のマンションへの立ち入りについて

救急隊が深夜にマンションに入れなかった事実はありません。住込み管理人が1名おり、何時でも常に適切に対応しております。

又、管理人から、その都度、理事に連絡があり、理事はすぐに管理室に駆けつけ対応しております。

※このようなことを主張される方がいるのでしたら、その年月日、何時頃かを教えて下さい。

③エントランスキーの受け渡しについて

管理組合は、通常総会の了承を得た上で、平成22年11月に1階エントランスドアの改修工事を実施しました。この改修工事に伴い、従前のエントランスキーの返還を求めたところ、72個のエントランスキーが返還されませんでした。従前のエントランスキーは、各居住者に一律に3個ずつ貸与していましたが、一人住いの居住者の中には、知人、サラ金業者、暴力団関係者、不動産業者などにノンタッチキーを渡していたことが判明しました。このような状態では、マンションの十分な安全管理を続けていくことが困難であることから、防犯面を重視し、平成22年11月の改修工事の際に、新しいエントランスキーについては、居住者本人一人1本貸与し、マンションの部屋をセカンドハウスとして利用する区分所有者には貸与しないルールとすることにしました。このルールについては、平成22年11月13日付「お知らせ」や第36期通常総会の招集通知で区分所有者の方々に詳細に説明し、第36期総会（平成23年2月23日開催）において承認されております。（以下略）

④入退去料　5、000円について

管理規約上、マンションの部屋から転出する際や転入する際には、5000円の転出入料を負担することとされています。当初、数日間だけ友人がマンションの部屋に滞在すると申し出がありましたが、結局、数か月（長い方は半年間）マンションの部屋に居住していました。そのため、入居の手続きをしていただき、管理規約に基づき入退去料の支払いをお願いしました。

管理人が深夜にドアを叩き、大声で「金を払え」と要求した事実は絶対にありません。

⑤マンションの購入の制限について

管理組合が不動産会社の購入や外国籍の方の購入をむやみに拒否したりしたことはありません。

現に、最近でも購入したり賃貸で居住されている方がおります。管理規約にも基づき、全て応対しております。

（中略）最後に

本件は、約30年ぶりに通常総会で管理費の増額を可決したことに端を発し、最近、区分所有者となった一部の方が中心となって、現理事会に対する反対運動を展開しているものです。「秀和幡ヶ谷レジデンスを救う『有志の会』」に属する区分所有者の方が貴社に偽りや歪曲《わいきょく》した情報提供を行ったのも、現理事会に対する反対運動の一環です。

もし、本件を記事にされる場合は、十分な証拠を収集した上で行うようにお願いいたします。万が一、十分な証拠もなく、誤った情報を記事にされた場合は名誉毀損に該当することになりますので、ご留意ください。

又、あくまで話題として記事にされるのであれば、この「回答書」も全文記事にして下さいますようお願い申し上げます。


回答書を隅々まで読んだ感想は、「手慣れているな」だった。名誉毀損で訴えることを匂わせ、「回答書」の全文記載を促すという、実質不可能な文言を見てそう感じさせた。加えて、エントランスキーの項目で必要以上に細部の説明があり、無駄な情報を列挙していることも気になった。反対運動の一環だ、という断定的な口調にも引っかかりを覚えた。

弱気な編集者であれば及び腰になっていたかもしれないが、野崎は毅然とした態度で「こちらは大丈夫です。サラッと書いちゃって下さい」とあっけらかんと言った。私は中立性を意識した上で、記事を書き上げた。

記事が掲載され、ウェブに転載された後、理事会は素早く行動に出た。館内の掲示板で、告知を行ったのだ。

残念なことに、「有志の会」と称する一部の方々が、別紙の通り、FRIDAYに、虚偽や歪曲した情報提供を行って掲載させました。
「有志の会」と称する一部の方々は、現理事会に対して、いろいろと非情な手段を使って、反対運動を展開しておりますが、仲間割れしたり、思うように賛同者が集まらず、苦肉の策でこのような戦略に転じたものと思います!!

多鹿によれば、掲載号は近所のコンビニ、書店から消えた。後に管理人室から大量に発見されている。
また、しばらく時間を置き、今度はこんな紙が張り出された。

現在、インターネット等で当レジデンスについて、虚偽や歪曲された情報が流されております。

現理事会に対して反対運動を展開している「有志の会」と称する一部の方々が発信元です。

管理規約から外れた無理難題を主張する一部の方々です。同じ屋根の下に住む住民同士です。匿名ではなく、名を名乗って議論していただきたいものです。

先般、「テレビ朝日」が2日間に渡《ママ》り、当レジデンスの多くの住民に取材されたようですが、「FRIDAY」の記事に掲載されたような証言はごくわずかだったのではないかと思われます。よって、放送を断念されたのではないかと察します。「有志の会」と称する方々のこれらの情報が、区分所有者全体の利益を損っている事を認識して欲しいものです。別紙※の通り、名誉毀損等で訴訟問題に発展しないようくれぐれもご注意願いたいところです。

※朝日新聞の記事「リツイート『加害者』にならぬために　他人の投稿、転載だけで名誉毀損と司法判断」

皮肉なことに、理事会の指摘で二つだけ的確だったことがある。それは、有志の会での「仲間割れをしたり」という指摘。もう一つが、「名乗って議論していただきたい」という挑発的な文言であった。

「FRIDAY」の記事の掲載は一定の効果をもたらした。これまでも管理組合の運営に疑問を持っていた者、理事会の〝異常ルール〟を知らない区分所有者が反応した。有志の会の呼びかけやアンケートの郵送に対して、連絡先を記載した上で「賛同」の意思を示す人が増加したのだ。

停滞し、減少していた賛同者の数は90に届いた。一方で、過半数には50近く及ばないという現実が重くのしかかった。さらに理事会が有志の会の動きを把握しているような発言や、テレビ局の取材まで嗅ぎつけていたことも腑に落ちなかった。情報が漏れているのではないか――。メンバーの中には疑心暗鬼に駆られる人もいた。

有志の会に訪れた危機

初期メンバーで熱心に活動していた佐藤も、この頃から会への参加が遠のいていく。佐藤が打ち明ける。

「人によっては方向性の違いを感じていた面はありました。手島さんたちが言う、過半数の獲得が理事交代に繋がることはもちろん理解していた。一方で、2年半も活動してきてまだ目標の数に届かないという現実もあった。やれることはやってきた、という自負はあったので。メンバーの中には、できるだけ早く解決したい、一刻も早く正常化したいという意見も根強かった。より合理的で早期解決を図る手段として、理事長の解任請求を求める声があった。そして、どちらかというと私も早期解決を願う一人でした」

佐藤が当初からさかんに訴えていたのは、匿名での活動には限界があるということだった。この点も、有志の会のメンバーと考え方に差異があった。いったい、いつまで我慢して待てばいいのか――。コロナ禍において、来年度の役員選任の総会が開催されるか不透明であった点も、佐藤がギリギリ保てていた緊張が途切れる要因となった。

仕事の多忙や家族との時間を優先したいことを理由にし、委任状を預けた。以降、佐藤は会の活動からは距離を置くことになる。

途中から有志の会に参加した島も、異変に気づいていた。ミーティングに参加すると、意見が一向にまとまらないことが目についた。

この頃の手島を突き動かしていたのは、「自分が折れると活動が終わる」という強迫観念にも似た義務感だった。病気の体にムチを打ち、一人で調べ物や資料作成を請け負ってきた。追い打ちをかけたのが、佐藤や初期メンバーの中で離脱者が出ていたことだった。平常心でいる方が難しかっただろう。そんな気負いが時に、攻撃性となって表れることもあった。島が言う。

「手島さんは、物事をはっきり言うところがあって、『この言い方だと全員賛同できないし、敵が増えていく』と、アドバイスというか、組織論としてなだめることはありました。参加者の中でも自己主張をする人はいましたが、それに対して、手島さんの言い方が極度に攻撃的な面があった。『そんなことできるわけないでしょ』というように。確かに理屈は手島さんの方が正しいんです。ただ、頭ごなしに否定されると誰しも気分が悪くなるし、『やっていけないよ』と嘆く人もいた。みんな会のためという思いは同じです。伝え方の部分にはいくつかの問題は感じていました」

半面、島には「戦略を立てるのは手島でないとダメだ」という確信もあった。社長業で培った、人を動かすための感情面の心得や、マネジメントの要締を嫌味にならないように助言した。島は短絡的な訴訟に頼るのではなく、過半数の賛同を得るために何が必要なのかを改めて話し合おう、と過熱した場の緩衝材になるよう振る舞った。

おそらく、ここにちょっとしたボタンの掛け違いでも加わっていたら、有志の会は崩壊していたかもしれない。それほど危機的な状況にあった。すんでのところで踏みとどまれたのは、周囲に、手島を支え、我慢強く闘っていくという意志を持つ者が多数派だったからだ。桜井や今井のような、手島に寄り添ってきた者の存在は大きかった。

記事の反響——テレビ番組に取り上げられる

記事の反響は思わぬ方向に派生していた。一つが不動産業者の中で、幡ヶ谷の状況を調べる者が出てきていたことだ。おそらく職種が近いほど、幡ヶ谷の事例は見逃せないと捉えていたのだろう。彼らはブログやSNSなどで情報を拡散していき、その流れは加速していくばかりだった。不動産を生業とする士業の者たちもそうだった。特に弁護士間では、裁判に発展した場合注目を集める訴訟になる、という声が聞こえた。

実際に長年司法関係を取材する新聞記者からは、私のもとにこんな連絡が入った。

「もし訴訟になった場合は教えて下さい。付き合いがある弁護士の何人かが、判例的な観点でも強い関心を寄せているんです」

より直接的な動きを見せたのはテレビ局のワイドショーや情報番組であった。複数の番組が有志の会にコンタクトを図っていた。中でも最も強い関心を抱いていたのが、フジテレビの情報番組である「直撃LIVEグッディ！」だった。

神林紀行《かんばやしのりゆき》(48)は、情報番組担当歴が20年近いディレクターだ。フリーのディレクターとして事件や芸能、政治などあらゆるネタを長年取材してきた。テレビマンらしく、大衆ウケするネタに重きを置き、取材活動に励んできた。

「これは数字が取れるネタだ」

直感的にそう思った。当時は、「あおり運転」や「ゴミ屋敷」などの住民トラブルは視聴者からのウケが良かったこともある。いわゆる「鉄板ネタ」であると、長年の取材で培われた勘が働いたという。

まずは、現場に足を運び聞き込みから開始することにした。最初に声をかけた初老の女性は、神林の声かけに過剰な反応を見せる。

「ここでは話せない。誰が聞いているか分からないし、チクられないか不安だから」

そう言うと、近くの公園に移動を促された。

女性の口から出てきたのは、管理組合の独特なルールに困っている、そのことが住みにくさに繋がっているということだった。逆に良い部分を尋ねると、「防犯カメラの数の多さから変な人や怖い人が入ってくることはない」とも述べた。それでも、良い部分よりも住みにくさが圧倒的に勝っているから、と懇願するように打ち明けた。本人は有志の会には所属していないが、存在は知っていると伝えられた。いきなりの取材成果に神林は驚くと同時に、すでにマンションにトラブルが浸透していることを知る。

何人かの取材を経て有志の会の発行物の存在を知り、記されていた問い合わせ先にコンタクトをとった。返信はあった。だが、反応は芳しくなかった。何度かやり取りをしていくうちに、「対面でなら会う」という旨の連絡が届く。手島を含めた有志の会の3人が神林と向き合ったのは、取材開始から3週間が経過した頃だった。

神林から見た有志の会の第一印象は「慎重な人たち」だった。こちらを警戒しているような素振りも随所に見られた。これは骨が折れる取材になるかもしれない。そんな予感もあった。手島の回想。

「当時、いくつかのテレビ番組からコンタクトがありました。でも、面白おかしく取り上げてほしくない、という願いがあったんです。こちらが反応をうかがっていると、だいたいの方は引いていきました。そんな中で、神林さんは何度も連絡をとってきて、試すようにあえて無下《むげ》な対応をしても折れずに連絡をくれました。たしか手紙も下さっていたと思います。この人なら良い番組を作ってくれるのでは、とお会いすることに決めたんです」

神林は手島たちに少しずつ質問を重ねていき、最も確認したかった独自ルールの実態に迫っていく。意外だったのは、手島らが、「感情的で被害者意識が強いのでは」という想像していた人物像とは全く異なることだった。有志の会の真っ直ぐな言葉は、胸に響いた。この日を機に、本格的な取材に入ることになる。

情報番組のディレクターとして、日々のニュース取材や編集作業に追われながら、空いた時間を見つけては幡ヶ谷に足を運んだ。1カ月が過ぎる頃には、わずかな休日を利用して取材活動に励むようになっていた。これまでの取材歴の中で、ほとんど経験したことがない感覚だったという。神林はその原動力を説明する。

「理事会、有志の会、そこに挟まれた住民たちという3勢力の構図があると気づきました。その構図に関心を持った。そんな中でも明らかだったのは、管理組合のルールにみんな困っている点でした。影響は不動産屋などの外部にまで及んでいた。自分の中で白黒はっきりさせるまでやろう、と。そう思えたのは、やっぱり取材が超面白かったからですね」

「グッディ！」は2020年9月に終了した。神林も「バイキングMORE」へと異動となっている。通常では番組が変わると、これまでの企画はリセットとなる。それでも神林は一人、秀和幡ヶ谷レジデンスを追い続けた。

改称と匿名の解除

有志の会には「このままではいけない」という危機感が高まっていた。頑なにこだわっていた郵送での配布だけでなく、2020年10月より居住者へのポスト投函を開始する。実験的に匿名での活動も解除した。最終的な目的地は理事会の総交代にあった。「有志の会」という名称は、反抗的かつ抽象的でもある。新しく全てを仕切り直すべきだ、という意見も出た。心機一転の意味も込めて、12月に「秀和幡ヶ谷レジデンスをより良くする会」(以下・「より良く会」)に改称した。

従来の有志の会と比較すると、大きな変更も加えられた。それは、徹底していた匿名での活動を解除したということだ。2人の共同代表を置き、役員などの人名、許可を得た賛同者の名簿や号室を郵送物には記載する方針とした。また、会費も設けた。

以降、管理組合に対しても、代表者たちの実名、賛同者の連名の上で、正式な意見書や質問書を真っ向から送付している。

背景には、21年2月の通常総会の開催が、コロナを理由に延期になるであろうことを予期していたことも挙げられる。委任状の数の推移から見て、理事会にとってはなるべく開催を引き延ばしにしたいであろうことは推察できた。

仮に延期となった場合、区分所有者総数、もしくは議決権総数の5分の1以上の賛成を得て、臨時総会の開催を請求する選択肢もあった。大所帯になるほど、活動費用はかさんでいく。初期から動いているメンバーほど、21年の総会で役員交代を目指さないと、内部から崩壊していくという危機感を持っていた。そのためには、従来の運営と異なる要素が必要だったというわけだ。

「より良く会」に参加する面々も様変わりした。中心となるメンバーに男性の割合が増えたことだ。

手島を中心とした有志の会、自治会の中心となったのはほとんどが女性たちであった。しかし、そのことがマイナスとなった部分もある。区分所有者の反応だった。

「女が中心となってうまくいくわけがない」

「女が中心じゃ理事会に対抗できないでしょ」

返送されたアンケートに記された連絡先に電話をすると、失望の色を隠さずに言う区分所有者もいた。

「男尊女卑も甚だしい。いつの時代の話だよ」

本音を押し殺しながらも、手島は地味な委任状集めに向き合ってきた。

歯がゆい心情の一方で、区分所有者の大多数が〝保守的〟な高齢者である現実も分かっていた。価値観の違いを説くよりも、環境に順応するしかない。手島はそう悟った。

もともと組織を潤滑に回せる器量があるとは考えていなかった。それなら、別の男性を立てて運営を任せる方が得策ではないか。手島は、先導者的な立場から退くことを選択肢に入れ始める。


12月22日、「より良く会」の第1回集会が開催された。参加者は20名。コロナ禍で1年間まともな活動ができなかったことを思えば、上々の数字だった。

会の運営方針や目的を改めて整理したところで、代表者を誰にするかという議題となった。手島は旗振り役となる代表は男性がいいのでは、と提案する。自らは今後黒衣として会を支えていきたい。それが偽らざる思いだった。

しかし、そこで桜井や今井ら女性陣が挙手し、「手島さんが代表をやるべきだと思います」と提言する。協議の結果、共同代表という形をとる案で落ち着いた。同じく熱心な活動を見せてきたマンション管理士、宅地建物取引士、行政書士の有資格者である男性と手島が代表として並び立った。こうして、「より良く会」はスタートを切った。


集会に集まった数名の男性の中に、新顔がいた。多鹿であった。

多鹿は有志の会からのコンタクトを待ち続けていた。10月下旬、唐突にポストにアンケートが届く。差出人は有志の会だった。連絡先を記し返送すると、会の男性メンバーから直接電話があった。決起集会への参加の誘いだった。

当時は第1子が生まれたばかり。当月は仕事の繁忙期とも重なったこともあり、慣れない子育てとの両立で多忙を極めていた。それでも、多鹿は迷うことなく参加を決めた。妻に参加の意向を告げると、「頑張ってきて」と後押しされた。

「動」の人、「静」の人

その半年後に、多鹿が「より良く会」の代表となるとは、この時点では誰も予想していなかったはずだ。手島や中島を「動の人」と定義するなら、多鹿は「静の人」であった。

多鹿は大阪府堺市《さかい》「なかもず駅」周辺で生まれ育った。高校を卒業後、兄や知人が経営するショーパブで働く日々を過ごしていた。学生時代から洋服が好きで、「コムデギャルソン」や「ヒステリックグラマー」に魅了された。25歳の時、新しいことに挑戦したいと考え、アパレル系の専門学校へ進学する。26歳の年に卒業を待たずに上京。同じ専門学校に編入してデザイン、縫製など服作りのイロハを2年かけて学んだ。秀和幡ヶ谷レジデンスの区分所有者は、初台での居住経験者が非常に多いのだが、多鹿も初台で6年間を過ごしている。

卒業後、モード系の国産有名ブランドへ就職。憧れて足を踏み入れた業界は、激務と薄給が当たり前になっていた。残業時間は月60時間を優に超え、給料は20万円にも届かない。衣装代などの出費が予想以上にかさんだことも痛手だった。好きな仕事を東京で続けていくために、本末転倒ではあるが深夜はピザ屋の宅配のアルバイトに従事する。平均睡眠時間は2〜3時間。休日をまるまるバイトに当てることで、ようやく生活ができる水準まで余裕ができた。

若いとはいえ、そんなふうに体を酷使した生活が続くわけがなかった。入社から3年が経過する頃、体調不良を訴える時間が増えていく。このままでは体が壊れてしまう。転職活動の末、大手百貨店の縫製を主とする会社に移った。

仕事内容や待遇面は大幅に改善されたが、体調は回復の兆しが見えない。血便が出るなど、自覚症状もあった。仕事の合間に通院するも、半年間で変化はない。病院からは検査を勧められた。診断の結果、大腸がんが判明する。それも、限りなく4に近い、ステージ3だと告げられた。

生き急ぐような人生を過ごしてきた多鹿の人格は、闘病生活を機に変貌することになった。

「癇癪《かんしゃく》持ち、と友人にも言われるほど昔から怒りっぽかったんです。些細なことでも怒りが抑えきれなくて、その原因が分からなかった。常にストレスを抱えていて、人に当たってしまう。ずっとムカムカしていて、何かの拍子にカーッとなって爆発してしまうような。なぜかと言われると分かりません。そんな性分だったとしか、自分でも説明ができないんですよ」

がんを発症し、満足に働けなくなった。検査を進めると3㎝近い腫瘍があることも明らかになる。すでにリンパ節への浸潤があり、肝臓やリンパ系へ転移の可能性も指摘された。精密検査を重ねると、転移している部分が見受けられた。

「どのような結果でも受け入れよう」多鹿は死を明確に意識した。

苦闘の末、外科手術は無事成功した。生の喜びを、心の底から実感したという。医師からは入院で1カ月、術後経過を見るためにその後の1カ月も安静を言い渡された。まともに体を動かせない多鹿は、この2カ月間で驚くほど性格が変わった。

まずは、職場への感謝が頭に浮かんだ。多鹿の体調を心配し声をかけてくる同僚たちがいた。働けるまで回復できるか定かでない中、給与保証をし、自分の戻る場所を確保してくれたことで治療に専念できた。

日常生活に戻り仕事に励むと、些細な出来事に対しての怒りも不思議と消えていった。自身でも信じられない、別人になったような感覚だったという。周囲からも「温厚になったね」と声をかけられることが増えていった。

「何度か、『より良く会』の中で内紛があり、『もうダメだ』と感じたこともありました。昔の私なら、間違いなく怒りに身を任せていた。不思議なもので、がんになって命の危機を感じてから、だいたいのことは小事だな、とも感じるようになっていった。だから、周囲が思っているほど〝我慢した〟という感覚はないんです。目的ははっきりしている。では、そのために自分がこの組織の中で何ができるか。それだけを考えていました。居住歴が浅い、みなさんより活動歴も短い私にできることは、有志の会の潤滑油となり、それぞれの意見を受け止めること。それしかないな、と」

私の目から見た多鹿は「我慢の人」でもあった。巨大化した「より良く会」が最後まで走り続けることは、多鹿の存在なしにはありえなかった。

法律のプロを味方につける

新しい会の設立。代表者や役員を決め、実名での賛同者も現れてきた。年が明けてしばらくすると、通常総会が開催される目処が立っていないと分かった。そこで9名の立候補者を擁立し、現執行部全員の入れ替えを提案する『臨時総会』を理事会に請求するという方策も検討しつつ、通常総会の開催を待ち賛同を集めた。土台は整いつつあった。しかし、手島はまだ明確に足りないものがあると感じていた。それは、法律の専門家の援護だった。

管理組合には顧問弁護士が存在し、総会の度に同席していた。有志の会がファクトや実体験に基づき総会で追及を強めても、要所では弁護士が役員を援護する姿勢で総会は進み、かわされるということを経験してきた。

そして、こんな懸念もあった。

「もし臨時総会で過半数を獲得しても、あの理事たちはいさぎよく現実を受け入れるだろうか」

有志の会の時代、手島は弁護士と相談の上、書類作成や委任状集めを行ってきた。

だが、弁護士との関係はあくまで単発の案件に伴うものでしかない。活動の基本はボランティアで、さらに会費制を導入しない運営方針を貫いてきた。活動費用は、各々が寄付するという形をとっている。

弁護士への依頼は、一つひとつを見ると高額ではなかった。それでも、潤沢な運営費用があるわけではない彼女たちにとって、報酬を捻出し続けることは難しくもあったのだ。

「より良く会」が発足してから、手島が最も頭を悩ませたのは代理人となる弁護士の選定だった。すでに2年前に弁護士事務所を当たり尽くした苦い記憶が蘇る。全幅の信頼を置けて、親身になって接してくれる事務所を探す作業は、途方もない労力が必要だと深く理解していたのだ。

当時と比べると、たしかに委任状や賛同者の数は大きく伸びた。ただし、それは自分たちの都合であり、弁護士の反応はまた別物であると考えるのが妥当だった。手島が当時の心境を回顧する。

「格安で顧問弁護士契約を結び、随所で助言をいただける先生が理想でした。その上で、専門知識を有し、親身に相談に乗っていただければ、言うことはない。ただ、そんな先生が存在するとは、とても思えなかったのです」

「より良く会」という本気で役員交代を目指す組織が立ち上がったことで、区分所有者たちの意識にも変化が生じつつあった。

これまで蓄積してきた寄付金は、郵送代や印刷代などで消えていった。活動資金にも陰りが見えつつあった。それが「より良く会」が稼働開始直前から、10万円単位の寄付を申し入れる人々が現れた。記録を明確にするため、既設の自治会口座で受け取り管理することとした。

預金額は数十万円に届いた。ただし、いつ総会が開催されるか不透明なことを考えると、心許《こころもと》なさも残る。

「弁護士選びを間違えると、取り返しがつかないことになる。それは常に頭の中にあったんです。逆に言えば、いい先生さえつけば勝機は見えてくるとも。ミスは絶対に許されない、というプレッシャーがありました」

ここからしばらく、弁護士探しを再開した。前回のように闇雲に当たっても意味がないとわかっていた。

中島や島など、相談できる仲間も増えていた。それでも、弁護士だけは自分の力で見つけてこないといけない。そんな確信に近い義務感を持っていた。「より良く会」のメンバーも、口出しすることなく手島に全てを託した。

手島はこれまでに多くの有識者たちと密かにコンタクトをとっていた。どこかでその人脈が活きる場面があるかもしれない。そう考え、空いた時間を見つけては、ジャーナリストやブロガー、有資格者たちやマンション自治に苦しむ人々のSNSや記事を覗いていた。中でも手島が特に参考にしていた人物がいた。マンション管理の界隈では有名なブロガーだ。ロジカルな文章で人気を博す彼なら、何か答えを持っているのでは、と一縷《いちる》の望みを託して相談を持ちかけた。

「マンション管理に詳しい良い弁護士を知りませんか」

すると、丁寧で真摯《しんし》に向き合ってくれる誠実な弁護士を1人知っている、と返答があった。求めていた人物像に見事なまでに重なった。そして、ブロガーの次の言葉が引き金となり、手島は後の行動に移す決意を固めた。

「まだ若いけど、あの人は敵に回したくないですよ」

パソコンを開き、聞いた弁護士の名前で検索をかけた。見覚えがある名前だった。メールの履歴を見返すと、すでに2018年に一度接触していた。当時はその他大勢の弁護士と同様に「仲間を集めて下さい」以上の助言を得られなかったことを思い出した。

「今度は大丈夫か」

そんな不安を抱えながら、手島はできるだけ詳細にメールで現状を打ち込んでいく。何度も推敲を重ね、すがるような気持ちで送信ボタンを押した。

すると、間もなくして返信が届く。

「一度詳しい話をお聞かせ下さい」

21年3月12日、手島は共同代表である男性と共に港区・虎ノ門駅からすぐのビルを訪れた。ビルの6階まで上がり、「堀《ほり》法律事務所」の受付でアポイントを告げると、弁護士の桃尾俊明が姿を現した。

すでに賛同者が100名を超えていること。民事訴訟で係争中であること。総会が延期となり開催の目処が立っていないこと。「より良く会」の活動資金が潤沢でないこと。包み隠すことなく、全て桃尾に正直に伝えた。その上で、次回総会で過半数の委任状を集め、役員の総交代を目指している、と。

「これは……いけるかもしれませんね」

桃尾は短くこう呟《つぶや》いた。手島もこの先生しかいない、と確信を持つ。

「顧問を引き受けていただくことは可能でしょうか？」

手島の問いかけに、桃尾もこう応えた。

「以前、月単位で契約をしたことがあります。その形でよければ」

手島の予感は当たっていた。桃尾が陣営に加わってからの半年間で、「より良く会」の動きは一気に加速していくことになる。

第5章

決裂と再生——そして迎えた運命の日

「誰かが手を挙げないと『より良く会』はここで終わる」

なぜ桃尾は代理人弁護を引き受けたのか

「とうとう来たか――」

２０２１年2月25日、手島からのメールを受け取った桃尾には予感めいたものがあった。実のところ、ネットでは、「より良く会」の情報をすでに把握していた。狭い業界のため、噂も耳に入っている。秀和幡ヶ谷レジデンスの存在は、業界内ではあまりに有名であった。

いずれ自分のもとに相談が舞い込んでくるはずだ。「より良く会」からなのか、管理組合からなのかはさておき、必ずいずれかから接触があるだろう、と。

「実際に連絡が来たらどうなるだろう。力になれることはあるのか。何とはなしにそんなことをシミュレーションしていました。マンション管理の歴史は、早い話が委任状の奪い合いの歴史でもある。そのため、賛同者が少なく増える見込みも乏しいことを確認した後に受任に至るケースはほとんどない。ただ、今回は賛同者が多く集まっていたわけです。住民側か、管理組合か。どちらの視点に立っても興味深いケースになるだろう、という感覚はあったのです」

桃尾は弁護士として少し変わったキャリアを歩んできた。東京都に生まれ、慶應義塾大学法学部法律学科に進学。2000年に卒業し、04年に弁護士登録した。弁護士登録と同時に、中国法務専門渉外事務所に在籍する。中国語学留学を経て、その上海事務所に勤務し、総合商社の法務部でアジア担当室勤務を経験する。

企業法務の分野では職歴を重ねてから留学するのが一般的であり、しかも、それが中国であるケースは稀だ。桃尾は2年間現地で語学も学び、研鑽《けんさん》に励んだ後に帰国。現在所属する「堀法律事務所」の前身へ移籍することになった。

日本でのキャリアを歩み始め、まもなくして私生活でも世田谷区にマンションを購入する。すると、ある小さな管理組合から相談があった。

「理事長が好き勝手しているから何とかできないか」

戸数10の小さなマンションだったが、4対4で強烈な内部紛争が繰り広げられていた。

「こんな世界もあるんだな」

これまでと全く別の畑に足を踏み入れた端緒は、単純な好奇心からだった。

弁護士として、マンション管理に伴う事案は決して割のいい仕事ではないことは分かっていた。しかし、自身のマンションの管理に参加したこともあり、関心を持つようになっていった。様々なケースに触れていくと、問題点の多くは共通しているようであった。専門的に扱う弁護士の数もまだ多くなかった。

「どうせなら仕事に繋げてみるか」

相談数増と比例し、関心も強まっていく。そこで資格も取得してみることにした。11年には、マンション管理士登録。17年には宅地建物取引士試験合格。19年にはファイナンシャル・プランニング技能検定2級の有資格者となる。司法試験の改定により、弁護士登録者数が増加傾向にある中、桃尾には先見の明があった。ニッチであれ専門性を持つことが、依頼者への説得力に繋がった。マンション管理の世界は、委任状の争奪戦。そんな真理を、住民と管理組合双方の代理人を務めた経験で、より深く理解するようになった。

依頼は管理組合からの割合が圧倒的に多数派だった。住民側の視点で相談に乗ることもあるが、大半は過半数の壁に尻込みしてしまう。そんな中で「より良く会」の代理人弁護士※を務めることになったのは、3分の1の連絡先を把握しているという事実があったからだ。桃尾がこう解説する。

「全体の3分の1という数字を聞き、よくここまで集めたな。率直に凄いな、と感じました。役員選任決議で求められる委任状を含む総会出席者の過半数まではそう遠くない。これは弁護士として非常にやりがいのある仕事になる。0から1を生み出すのは難しいが、1から10に増やす局面においては、やり方次第では力になれる。腹を据えて、なんとか実現させてあげたいと思いました」

※正確には多鹿・手島の代理人

弁護士からの指令と戦略指導3要点

桃尾はその場で、今後の委任状集めは5名の役職者たちの連名で出すこと。賛同者の名前も可能な限り実名で出すようという具体的な指示を送った。その上で、念を押すように「裁判は必要ない。また、多数決による決議の勝利を伴わなければ裁判所の判断を読むことも難しい。委任状集めに集中するべきである」とも伝えている。小難しいことを排除し、問題をシンプルにした。

まずは委任状130を目指すこと。方針も決まった。ただし、これまでの経験に基づき、「より良く会」にはこうも話していたという。

「時間はかかると思います。政権交代まで2〜3年は見てほしい」

2021年4月4日に桃尾と「より良く会（対象は手島）」は法務顧問契約を結ぶ。手島たちにとってありがたかったのは、こちらが考える以上に桃尾が親身であったことだった。また、格安な料金設定にも、桃尾の配慮を感じた。

日によっては、メールのやり取りが十数件を超えることもあった。「顧問契約とはいえ少し度が過ぎているかな」。手島は度々そう感じることもあったというが、些細なことでも、法的な視点で桃尾は助言を惜しまなかった。4月以降に「より良く会」が発行した資料は、全て桃尾のリーガルチェックが入ることになる。
桃尾からの戦略指導は大きくまとめると三つが要点だった。

①活動の見える化
②ファクトを最重視
③新理事たちの方針、理事会交代による区分所有者のメリットの提示

活動の見える化には、幹部たちの氏名や号室だけではなく、人柄や経歴も含まれた。新理事候補たちに至っては、それぞれの顔写真に年齢も加えられることになった。それだけではなく、学歴や職歴、区分所有歴に、一言メッセージも添えられていた。

手島が作成してきた資料を比較すると、桃尾が顧問になって以降とそれ以前では大きな〝進化〟が見られた。それは、図解やイラストの挿入が圧倒的に増えたこと。加えて、分量を減らし、できるだけ簡潔にまとめていたことである。必要な情報量を絞り、視覚に訴える手段を選んだ。桃尾が言う。

「弁護士作成の文章は説得力が増し、読んでくれやすくはなります。一方で、内容がどうしても堅くなりがちで、敬遠される嫌いもある。だから、図やイラストを効果的に使い、誰がどんな活動を行っているかに主点を置いた。資料の見せ方という視点で言うなら、手

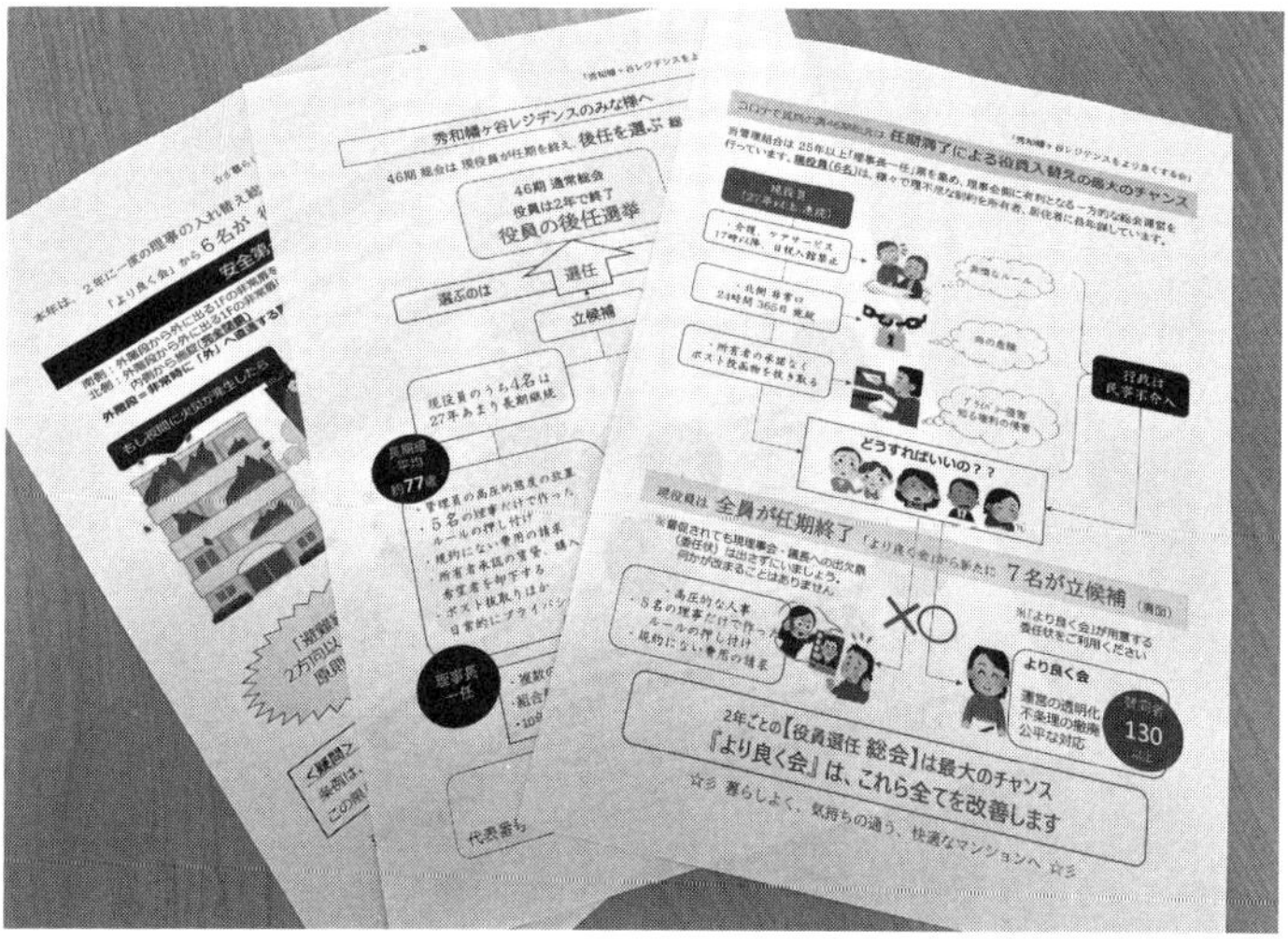

桃尾弁護士の指導で作成したチラシの例（一部画像を加工しています）

島さんのセンスが光ったと思います」

　ファクトを最重要視するという点も、大きな方向転換だった。それまでの「より良く会」の訴えは、「理事会の作成した『独自ルール』に自分たちは苦しめられている」という内容に寄っていた。これまでに作成した資料の中では、この独自ルールについて証言をもとに事例を羅列するものが目立っていた。しかし、これはあくまで「より良く会」側の主張であり、理事会は総会の場で何かしら理由をつけて否定してきたものでもあった。

「理事会批判はしない。主観を削り、事実（客観）を書こう」

　桃尾からの助言は、いずれもシンプルだった。

賛同者を募る際には「悪口」は極力省くようになった。その一方で、別途質問書として、事実関係を都度問うようになっている。5月から8月にかけて、計6通の質問書を管理組合に送付した。

桃尾と顧問契約を進めていた3月、再び警察沙汰の事件が起きていた。ポストに投函した「より良く会」最初の住民アンケートが、理事や管理人らによりポストから抜き取られたのだ。

投函を始めてすぐ、管理人の大山が飛び出してきて、激しい口論になった。「チラシ禁止!」「部外者禁止!」

直後に出てきた理事2名も「規約に沿って管理するだけ」と繰り返し、抜き取りを管理人に命じた。大山は手作りの専用道具を各室ポストの薄い投函口に突っ込み、次々と中のものを引っ張り出し、チラシを没収した。

この顚末《てんまつ》を見た住民に通報され、警察が来る事態にまで発展している。

質問書は、▽ポストからの配布物の抜き取り、▽転入出費・共有部の修繕費用の要求、▽工事の事後報告と支払い請求、▽8月の工事の禁止、▽住民が利用する介護従業者やベビーシッターの入館禁止、▽夜間の救急隊の管理室への連絡手段、▽管理人の来館者への態度、▽管理人と出入り業者のトラブル、▽区分所有や賃貸契約を希望する者に対し、理事長や管理人との面談を求めていている点、▽「Ｕｂｅｒ Ｅａｔｓ」を含む一部のデリバリーサービス利用を禁止していること――。これらの事案について、事実であるなら、規約・総会決議上の根拠を示すこと。組合員がそれらを拒否した場合にはどうなるのか。いずれも事実でないのであれば、回答は不要であること、などの文言を添えて作成している。

管理組合からの具体的な回答はなかったが、以降は管理組合の反応も反映したチラシなどを作成した。住民にとってみれば、理事会と「より良く会」の双方に対して懐疑的な見方があったのは先述の通りだ。それゆえ、どちらでもない〝無党派層〟を動かす上では、事実をもとに良識を問い、賛同者側へ住民を引き込むという戦略が有効だと判断した。

まともな感覚を持つ人ほど、過激な運動を嫌う傾向も感じ取っていた。しかし、その中立層を取り込まないことには、勝利に届かないことも明らかだった。ここから動いた委任状の数が50近かったことを考慮すれば、「より良く会」が示した方針は正しかったといえるだろう。

また、新理事会になれば、区分所有者にどんな恩恵があるのか。この点も強く打ち出すことにした。管理組合がこれまで行ってきた管理の実態や長期政権の弊害、自主管理による不透明性、理事の平均年齢が77歳と高齢化していることなどを記した。

新役員が選任された場合、平均年齢が54歳になること。外部への管理の委託を推奨し、透明化を図ることなど分かりやすい対立構図を示す。新管理体制で目指す方向性としては、運営の透明化、不条理の撤廃、公平な対応を宣言した。その上で、具体的に次の三つの所信を表明した。

・管理費削減を目指す
・リフォーム制限の緩和
・規約にない請求や規制の撤廃

つまり、新役員になることで住民たちの生活がこれだけ変わります、という点を分かりやすくアピールした。多くの区分所有者は、新管理組合に代わることで何がどう変化するのかまでは考えが及ばない。目に見える形で公約を掲げることで、安心に繋げるという手法をとった。中立性を保ちながら、という点も強く意識した。

6月末時点で委任状の数は85に届く。見込みも含めて、思案中という反応も少なくなかった。桃尾を顧問弁護士に加えた成果は、明確な数字として表れていた。ここからしっかりと積み上げていくことで、１３０に届くという目算もあった。総会当日の浮動票を獲得できれば、過半数という目標は現実的なものに思えた。

しかし、再び「より良く会」に危機が迫る。崩壊の局面が目前まで迫っていた。

再び訪れた危機

発端は些細なことだった。この時、「より良く会」の手元にはすでに臨時総会開催に必要な5分の1の委任状が揃っていた。ところが、2月の通常総会が延期となり、臨時総会の請求を行うのか。この点で意見が分かれた。時期尚早と総会に尻込みする者もいれば、早期の開催をのぞむ意見もあった。

「より良く会」は、方針として「最短での役員交代」を掲げていた。具体的には7カ月での体制交代を目指していた。多鹿が回想する。

「4月頃から、手島さんと共同代表の男性の折り合いが急激に悪くなり、会は空中分解寸前でした。衝突する機会が目に見えて多くなっていったのです。目的は一緒ですが、手法が違った。ですが、客観的に聞いていると些細な食い違いなんですよ。お互いの言い分はよく理解できた。船頭多くして船山に上る。まさにそういう状態です。共同代表制のデメリットが大きく発露してしまっていました」

手島は、桃尾の戦略を最重視することにとらわれていた。桃尾からの指導を受け、会の方針転換を図るも、必ずしも納得を得られたわけではない。

「より良く会」の中には、吉野氏憎しや、早期解決のため理事会に圧力をかけたいという声も未だ根強い。有志の会時代に掲げてきた、「過半数の得票で穏便に役員交替をする」が呑み込めない者もいたのだ。

「管理組合に圧力をかける。応じないなら訴訟する」と鼻息を荒くする者すらいた。草の根的な活動をしてきた自治会を軽視されたこともあり、共同代表同士の関係は急速に悪化した。それでも、打倒を目指すのであれば桃尾の指導に忠実であることは必須だった。手島が言う。

「嘘や根拠のないことを流すのはダメ。その意識は統一しないといけない。そこは強く主張しました。ただ、『理事会が金銭を横領しているのではないか』というような〝過激〟な意見も出ていた。でも、証拠はないわけです。そういうことを言い募る存在は会にとってはプラスにならない、と判断し、何人かの方には私の権限で辞めてもらうことにもなりました」

亀裂は決定的なものとなりつつあった。自ら会を去っていく人もいた。精神的にも追い詰められていた。それでも、手島は小事よりも大事を優先する。何とか会を続行するために、感情は押し殺した。

突然緊張の糸が切れたのは、定期集会の場だった。議事は進まず、手島への反対意見が飛び交った。なぜ客観性を持つことが必要なのか。過半数の委任状がないまま総会へ挑むことにどんなリスクが生じるのか。細かく説明していた時ですら、手島の言葉を遮るように別方向から「悪手だ」と意見が飛んでくる。

「問題の深さも、穏便解決をめざして活動してきた大勢の人の努力も知ろうとしない。口出しばかり。あなたこそ去れ！」

気づくと手島は大声で叫んでいた。

手島の咆哮《ほうこう》は、火に油を注ぐ結果にしかならなかった。その後の集会は混沌とし、建設的な話し合いができる雰囲気ではない。

「手島は会長を降りろ」

「ええ、もう降りますから」

当然、手島を支えてきた面々は、必死になだめた。だが、手島解任派も譲ろうとはしない。激しい論戦が繰り広げられた。「より良く会」はこれにて解散——。そんな言葉も出ている。もはや収拾がつかない事態となっていた。

「より良く会」新会長の誕生

「私が代表をやります」

多鹿は気がつけば、自ら手を挙げていた。「より良く会」が誕生してから、多鹿は個人的な感情は心の奥底にしまい込み、歯車となるべく振る舞ってきた。

会の運営の中で分裂する意見を目の当たりにし、我慢の限界を迎えそうになったことが度々あった。「病気の前の私なら間違いなく爆発していたと思います」と、笑い飛ばす。

「適任だったかはさておき、誰かが手を挙げないと『より良く会』はここで終わる。それだけははっきりしていた。代表が代わらないと、この内紛は収まらない、と。私は二人の共同代表は両方とも重要人物であり、どちらかが欠けてもダメだと分かっていました。私には手島さんのように地道に積み重ねてきた実績もなければ、共同代表の男性のような知識もない。この二人がいたからこそ、会をまとめるという一点に集中できた面はある。内輪揉めさえなければ、理事会打倒を達成できると、ただただ信じた上での行動でした」

そんな多鹿の様子を見ていたのが「より良く会」、そして自治会の面々だった。

自治会の常連メンバー、井原愛子《いはらあいこ》(仮名・60代)は、会の中では中立的な立場で振る舞ってきた。早々に賛同者に名を連ねるも、可能な範囲で協力するということを徹底してきた。自治会の活動に積極的だったのも、自主性を重んじ、強制はしないという手島の方針に共感したからだった。

「お手伝いする、という立場が好きではなくて、無理がない範囲で自分ができることだけやる。私は『何が何でも理事会を倒してやろう』、というよりも一歩引いた姿勢で会と向き合う。そんな感覚で自治会に参加していたのです」

井原から見る、この頃の「より良く会」の過熱ぶりは度を越していた。委任状が集まり始めたことで各々の意見が強く出すぎ、組織としてバランスをとる役割の者が軽視されていた。

「私から見ると、手島さんは戦いの天才です。戦略を立てて入念な下調べをする行動力が凄まじかった。戦国武将でいうなら織田信長のような存在です。一方で、意見が強すぎた面もありました。私は代表に多鹿さんの名前が出た時に、『この状況なら多鹿さんしかいない』、とも感じたのです。まずみんなの意見を聞き入れ、待つことや耐えることに長けている。徳川家康のような存在と言えば大袈裟かもしれませんが、私にはそう映りました」

中島の意見も井原に近いものがある。多鹿が会長に就くことの意味について、こんな表現を用いた。

「多鹿さんがまとめ役として優れていたのは、『全ての責任は自分が持つ』というスタンスを示したことです。管理組合とのやり取り、会の告知なども全て多鹿さんが先頭に立ち行うという意思を表した。それが成り立ったのは、彼の人柄によるところが大きかった。会をまとめる、という最も困難な役割を多鹿さんが担ったことで、手島さんや他のメンバーはより実務に集中できるようになった。これは大きな変化となりました」

後日、多鹿の会長就任の決議が行われた。反対意見は上がらなかった。手島や男性の共同代表も、「多鹿さんなら」と納得した部分もあった。手島がこう明かす。

「もともと私は代表という立場にこだわりはなかった。それよりも、『より良く会』が続いていくことが他の何よりも優先順位が高かった。だから、多鹿さんが代表になってくれてホッとしたというのが正直なところです。私ではまとめられなかったみんなの意見も、多鹿さんなら同じ方向に向かえるかもしれない。そんな期待もありました」

こうして多鹿は、「より良く会」加入から約半年で会長となった。

「自分が矢面に立つこと」

「逃げないこと」

会長就任に際して、二つの誓約を立て、最後まで守り続けようと自らに誓った。

「最優先として過半数の委任状を獲得しましょう」

それが、会の代表として最初に示した指針でもあった。

帰宅後、妻に会長となったことを告げた。反対こそしなかったが、管理組合に目をつけられることに不安そうな様子は感じられた。本音では、40歳を過ぎて授かった子どもとの時間を優先したい気持ちもあった。早期決着を目指していくことで、育児への時間も確保したい。多鹿には家庭内にも負けられない理由が生まれていた。

対話の場・自治会の大躍進

8月には、129名の賛同者、100を超える委任状が集まっていた。多鹿が会長に就任以降は、130票の委任状獲得という目標に向けてブレることはなかった。代表の重圧から解放された手島は、驚異的なペースでチラシや資料を作成した。桃尾からの指示を受け、区分所有者に〝刺さる〟であろう資産価値の下落に関する資料や、避難時対応の是非を問うなど、地道に訴えた。

さらに、これまで手島主体で草の根的な活動を続けながらも、日の目を見る機会がなかった自治会の躍進も始まる。

島や中島から助言を受けていた手島は、最後に人を動かすのは泥臭い作業だということを認識していた。郵送物、メールにチラシなど様々な手法を用いてきたが、直接話すことでしか越えられない壁も確かにあった。

「より良く会」発足から、自治会の活動は全面支援に切り替わっていた。自治会としての活動も休止する。票集めに専念すべく、メンバーたちに電話や対面での勧誘をお願いしていたからだった。

活動も3年半を過ぎると、もはや劇的な票数の伸びを見込むことは難しい。すでに「より良く会」の存在も知れ渡っており、浮動票の数もかなり少なくなっていた。今から委任状を預けようとすることは、これまでとは1票の重みが違った面もある。だからこそ、より直接的に区分所有者に訴える必要があった。

その際に活きたのが、よりマンション自治を考えることや対話に重点を置いてきた、自治会の存在だったのだ。

自治会はひたすら電話をかけ続けた。桜井や今井が長年築いてきた交友関係を活かして委任状を獲得すれば、田中や井原は後発で関わってきたという自らの体験をもとに、区分所有者の説得に当たった。島も営業マンとしてのスキルを活かし、客観的な利点を話すことで委任状の確約を取り付けていく。手島が代表を降りることに対し、懐疑的だった桜井がこう振り返る。

「手島さんが代表を降りる形となって、私たちが委任状を獲得していくことでみんなを見返してやりたい、という思いはありました。自治会が実行部隊となり、票数を取ることで口だけではなく結果で示したかった。目的のために必要だったのは、根気、根気、ひたすら根気だったんですが（笑）」

手島は電話での説得が得意ではなかった。だからこそ、自治会の面々が次々と委任状を獲得していく様子を頼もしく感じていた。自らも電話をかけながら、自治会のメンバーのサポートにも回った。会話の内容の精査や、データの提供など、可能な限り補助に徹する。

自治会の会計を担当した天川典子《あまかわのりこ》（仮名・60代）が言う。

「電話勧誘って、精神的にも結構キツイんですよ。相手にされないこともあるから。でも、電話だけではなく、もっと前段階でいろんな準備をして、私たちの作業に落とし込む手島さんはもっとしんどいことが分かっていた。こんなに消耗《しょうもう》することを何でこれだけ長く続けられるのか、不思議だったんです。だから私は手島さんという人間に関心を持ち会に参加するようになり、いつの間にかファンになっていた。この人は、絶対に私たちのことを見捨てない、という信頼がありました。ポケットマネーから寄付を集めるのも大変でしたが、各々が『この人なら託してもいい』『安心して預けられる』と思ったから、活動も続けられたんです」

自治会の一員であった井原も同様の意見を述べる。

「各々の苦手分野をカバーしてくれたのが手島さんだった。私は、電話自体は苦ではなかったですが、気がつくと話が理事会の悪口になってしまうこともあった。それを、手島さんから『冷静に。事実を大切に』となだめられた。女性が中心となり活動することに対してネガティブな意見もありましたが、一方で『女性がここまでやっているから信用できる』という声もあり、それが嬉しかったんです。委任状を多く獲得できるのは私たちだ、という自負もありました」

事実、8月以降に獲得した委任状の大部分は自治会によるものだった。3カ月弱でその数は30近くを数える。これを受けて、手島や多鹿は都度、桃尾に状況を報告する。理事会がいつ総会を招集するかわからない。総会開催が発表になると、当然理事会も委任状を集める。現体制というだけで有利な立場である。「より良く会」の委任状集めは、ただひたすらに時間との闘いだった。

多鹿はとにかく足を使って区分所有者に訴えた。マンション内で「より良く会会長」の名刺を持ち、チラシと共に住民に手渡ししていった。顔を見せながら、対話をする啓発活動の機会を自ら創生していく。管理組合からは注意を受けるも、折れることなくひたすら訴え続けた。

総会の直前には、外部への協力を取りつけることにも成功した。秀和幡ヶ谷レジデンスの目の前には、コンビニエンスストアがある。住民が最も多く利用するコンビニで何か宣伝活動はできないだろうか。多鹿はそう考えたのだ。

「『より良く会』のチラシを置いてもらえないか」

全国チェーンの大手コンビニ店ということもあり、色よい返事は期待せず、ダメ元だった。返ってきたのは意外な言葉だった。

「私にできることがあれば微力ながら協力させて下さい」

オーナーは秀和幡ヶ谷レジデンスの噂を多方面から耳にしていた。ブーススペースに、「より良く会」のチラシやポスターの設置の了承をもらった。多鹿はコンビニの駐車場の一角でも配布活動を行い、住民たちに向けて声をかけ続けた。

そんな様子を見ていたのが、有志の会を離脱した佐藤だった。会から離れたあとも配布物には目を通していた。会長が多鹿に代わったことも、便りで把握はしていた。しかし、会長自らがマンション内で街宣活動をし、コンビニで住民たちに訴える姿を見て認識が変わった。

「ついにこういう人が出てきてくれたか、と感慨深いものがありました。矢面に立ち、管理組合と真っ向から闘う覚悟は並大抵ではできないことはよく分かっていたので。多鹿さんが頭を下げながら挨拶する姿を見て、『これはひょっとすると勝てるかもしれない』と感じました。何より、ただただ嬉しかった。それが全てです」

何かが変わるかもしれない――。佐藤は、急遽《きゅうきょ》総会当日のスケジュールを調整し、足を運ぶことに決めた。

おそらく1票単位で勝敗が決まる。委任状の推移を見て、多鹿はそう踏んでいた。例年であれば、欠席や無効票を含めると有効票は270前後となる。9月の時点で「より良く会」に集まった120台後半の委任状に、当日の浮動票を考慮すると、ギリギリでの攻防となることが予測された。

最後に頼った手段が、委任状未提出の賛同者へ向けて手紙を書くことだった。これまでも散々チラシや郵送物を送付してきたが、手島はあえて直筆で思いを綴った。

「結局、最後に物を言うのは〝気合い〟だと思っていました。受け取り手にとっては、パソコンで作成された温度感のない郵送物と、時間をかけて熱を込めた手紙とでは印象は全然違う。最後の最後に頼ったのは、そういった人間の感情に訴えることでした」

時間的な制約もある中、徹夜も挟みながら手島はただただ筆を進める。2021年は1年以上続く股関節の不調も重なり、激痛から歩くこともままならない状態でもあった。それでも、最後の踏ん張りとして可能な限り一つひとつ内容が違う手紙を完成させていく。

後日、数件の委任状が手島のもとに届いた。

総会当日に向けて追い込みをかける

総会参加者からの浮動票をいかに獲得するか。この点も「より良く会」にとっては、大きなポイントだった。近年の総会では、50～60人程度に参加者が増えていた。その多くは〝反体制〟、〝体制側〟と住み分けされているが、10～20程度の委任状未提出者の存在もあった。当日の「より良く会」の進行や討論によっては、どちらにも転ぶ可能性がある。会場の雰囲気をいかに有利な方向に醸成できるかが肝であった。

ここで活きたのが、中島が継続してきた管理組合への帳簿の開示請求訴訟であった。訴訟は継続していたが、弁護士を通してのやり取りの中で部分的な帳簿の閲覧が可能となっていた。そこで、中島は機を見て帳簿の確認のため秀和幡ヶ谷レジデンスに何度も足を運んだ。

確認を進めていくと、いくつか腑に落ちない計上項目を発見する。そこで、支払先の調査などを行うことにした。

「これは、総会当日に大いに使える要素になる」

中島は、そんな確信を抱いていた。

会長の交代後、細かい小競り合いはあったものの、総会へ向けて「より良く会」はまとまった。おそらく、同じ目的に向けて最も団結した期間だった。

10月に入り総会案内が配布された。開催日は11月6日。誰もが総会に向け最善を尽くした。それでも、理事会交代まで持っていけるかは、最後まで読みきれなかった。それほど切迫した状況だったからこそ、一丸になれた面もあった。

「より良く会」は、桃尾と総会当日の進行について話し合いを重ねていく。出席予定者に突然欠席が出たり、無効な委任状がカウントされる可能性もある。これまでの経験を踏まえて、議事進行などで想定通りに進まないことも危惧していた。だからこそあらゆるケースを想定し、「より良く会」と共有した。

一方の手島は、全く異なる懸念を抱えながら準備を進めていた。

「役員改選は2年ごと。おそらく2年後までやり続けることは、私が持たないだろうな、という懸念があったんです。それほど精神的にも肉体的にもギリギリのところにいた。何が何でもこの総会で決めたい。そう思っていました」

総会当日の朝、「より良く会」のコアメンバー約10人はマンション付近の喫茶店に集結した。新たに加わった総会運営に詳しい男性を中心に、総会のシミュレーションを重ねる。動議を発動させるタイミングなどを徹底的に詰めていった。モーニングを食べ、コーヒーをすすりながら、数パターン用意した〝シナリオ〟の細部まで確認していく。桃尾の指導のもと、何度も繰り返してきた打ち合わせではある。それでも、積み重ねてきた歳月を考えると「最後にもう一度集まっておきたい」と誰からともなく言い始めたのだった。

1時間ほどで切り上げると、各々が動きだす。直接会場に向かう人もいれば、手島のように、一旦自宅に戻る人もいた。

「なんか、らしくていいな」

メンバーの後ろ姿を見ながら、多鹿はそんなことを考えていた。

長い総会の幕開け

京王プラザホテルは、西新宿に位置する、総部屋数1453室を誇る格式高い巨艦ホテルである。都庁からもほど近く、各線新宿駅からも5分程度。47階建てで、1971年の開業当時は「世界一の超高層ホテル」に位置づけられていた。

宿泊に限らず、打ち合わせや待ち合わせなどで利用する人も多い。新宿のランドマーク的な建物の一つである。

宴会場だけでも17を数える。総会会場となった南館4階の「錦の間」は総面積325㎡。立食時は最大270名を収容できる大きな会場である。

部屋を押さえたのは理事会側だった。参加者増を見越してのことだったのか、ホテルを総会会場に選ぶという、これまでと違う選択をしていた。

通常総会の知らせが区分所有者に告知されたのは約2週間前。9月下旬時点で、「より良く会」は管理組合に対して会から新役員の立候補者がいることを通知していた。しかし、総会議案書に理事会が「より良く会」の立候補者名を記載することはなかった。前日になってようやく館内の掲示板に立候補者がいる事実を掲載した。すでに大多数が委任状を預けているであろうタイミングであった。「より良く会」からの立候補者がいることを知らない区分所有者も多くいたはずだ。公平性を欠いたこれらの行動から判断しても、理事会の焦りは相当なものだったはずだ。

「より良く会」は会場前でもビラを配り続けた。そして、その場で併せて委任状の回収も行っている。最後の最後まで新たな1票を獲得しようとする姿勢を崩すことはなかった。

会場には桃尾も駆けつけていた。手島たちの代理人弁護士として、総会への参加を申請するも、あっけなく理事会に断られた。しかしこれは想定内だった。桃尾は会場の外でスタンバイし、通話アプリを使って多鹿と常に話せる態勢を整える。会のグループチャットでは、逐一発言や進行などの動向も桃尾と共有する。その上で、「どう動くか」「どう発言するか」を交信し、指示通りに動く運びとなった。

また、会場出席者が誰なのか、出席者の挙手状況を確認するため、「総会賛否カウント表」を3名が持参し、議題進行に合わせて記録した。ミスがないように3重のチェック体制を構築した。

理事会側にはオブザーバーとして3人の弁護士の姿があった。しかし、結果的に見ると管理組合は3人の弁護士を同席させていたことが仇《あだ》となる。桃尾が言う。

「吉野理事長たちの最大のミスは、弁護士を同席させていたことです。『より良く会』が正当なプロセスを踏むことで、弁護士の立場的にこちらの要求を飲まざるを得ない。当然議事録も残りますから、法令遵守の必要性が生まれます。総会運営を強行的に進めることが不可能となった、とも言えます」

理事の一人が壇上のホワイトボードに議決数を書き出す。議長による開会宣言がなされた。こうして、長い、長い総会が幕を開ける。

総議決権は298。この日の有効議決権数は269であった。30名ほどが欠席、もしくは委任状提出を放棄した計算となる。集計の結果、135が過半数ラインとなった。議場出席者数は57名。有効委任状の数も、議場出席者の数も「より良く会」の想定とかなり近い数字となった。

「より良く会」の焦点は「役員選任」についての第7号議案のタイミングだった。役員交代のための動議をどの時点で起こすかが最大のポイントであった。桃尾は、当日の動議に関しても「全て手島に委任する」ということを「より良く会」側の委任状書式に明記させていた。

第7号議案が争点になることは、管理組合にとっても同じであった。開始早々に、ホワイトボードに次期役員の候補者名が並んでいる。

「理事会の推薦者」と書かれた理事候補7名に、監事候補が2名。一方で、「その他」と記された「より良く会」の候補者は理事が6名に、監事が1名であった。

第1号議案は今期の事業報告について。経理関係、管理費、賃貸契約の件、売買・相続・贈与関係、転出時義務関係、管理体制について、また、訴訟についてなどが議題となった。

これらは「より良く会」が理事会にずっと問い続けてきたものである。

徹底追及の姿勢に好感触を得るが……

先陣を切ったのは手島だった。手島は基準の不明瞭な入居前面談が原因で入居者が決まらず、２０１８~19年に賃貸収入が途切れた時期がある。生活費を賄うために、仕事の合間を縫って飲食店でアルバイトをしていた。ダブルワークに苦労した当時の思いも乗せて、こう質問をかけた。

「入居前面談の成否をどういう基準で行っているかお答え下さい」

理事会が答えを濁す中、吉野理事長が微妙に論点をすり替えて答えた。

「たしかその方は猫を連れてこようとしていた。ウチはペット禁止ですから」

これにひるまず、手島が間髪を入れずに詰問《きつもん》する。

「４人家族でペットは飼っていない方でした。そんな理由で却下されたんですか。どなたかと混同されていませんか」

参加者の中でも「ウチも却下されたぞ」「理由は何なんだ」と理事会に問い詰める人たちが現れた。会場は徐々にざわつき始める。

「どんな権限が理事会にあるんですか。入居者についての判断は理事会にあるのか、そこだけ答えてくれたらいい」

手島が追及の手を強める。住民たちの証言では、ある区分所有者のパートナーが外国籍であることを理由に住むことができない、というものもあった。「人に貸すこともできない状態で10年近く過ごした」という声も聞こえた。賃貸オーナーにとって、最も金銭的な被害をもたらしたのも理事会の面接だったのだ。吉野理事長がこのような趣旨で答えた。

「拒否権があるのか。ありますよ。私どもは規約に基づいて判断している」

住民たちの熱はさらに上がっていく。

「ふざけるなよ」

いきなり叫ぶ者もいた。

これに続いたのが中島だった。これまで帳簿の閲覧により得た、不透明な使用金について徹底的に追及する。

事業者や都《と》に確認した上でも、不当に高いと感じたのが工事費用だった。特にアスファルト工事や排水管工事の追加請求については、その後の対応も含めて違和感を持っていた。中島は業者などの第三者機関に意見を求め、客観的な証言をもとに理事会へと問いかける。また、役員たちに月1万円、理事長に月2万円の「役員報酬」の支払いの妥当性についても、質問を重ねた。

さらに、毎年の正月のおせち料理の発注先についても質問が及ぶ。おせち料理の発注先は、なぜか離れた目黒区のコンビニで行われていた。中島が調べたところ、このコンビニは吉野理事長の息子がオーナーを務める店舗だった。問いただすと、おせち料理は管理人への差し入れだという。夜間配送が可能だから、と吉野理事長は説明した。

「なぜ、おせち料理を遠く離れたコンビニでわざわざ発注しているのか。理由は理事長の息子がオーナーだからですよね。違いますか」

会場内からは、中島に呼応して罵詈雑言が飛ぶ。「より良く会」の質問に、理事たちは明確に答えようとしない。そんな対応を見て、この日の浮動票層にも理事会への懐疑が伝播していく。それは、過去3年間の総会とは少し景色が異なった。

「ちゃんと質問に答えて下さい」

「より良く会」のメンバーではない、委任状をまだ預けていない者たちからもこんな声が出た。メンバーたちが描いたシナリオ通りに事は進んでいた。多鹿が振り返る。

「理事会の答弁があまりにも不誠実ではないか、という空気感が会場全体を覆っているように感じました。彼らの声に我々も後押しされた。半信半疑の部分があった中、『これはいけるぞ』と、この時点で押せ押せムードに変わっていきました」

その頃、手島はホワイトボードを険しい顔で睨みつけていた。発表された、理事会への委任状数は112。「より良く会」は78だった。委任状の集計は、無効票や当日欠席でその数字が前後することは珍しくない。単なる数え間違いか、理事たちが意図的に少ない数字を発表したかは判断が難しい部分である。しかし、手島個人に託された委任状の数よりもずいぶん少ない点については、違和感があった。

「これは明らかに少ない」

議事が第4議案まで進んだところで、手島が議長を務めていた理事の一人に、再集計の申し入れを行う。その後、管理組合の顧問弁護士立ち会いのもと、2度目、3度目の集計が行われる。2度目はより票数が詰まっていき、「より良く会」が90。3度目ではほぼ同数となるまで接近した。

ホワイトボードの数字が目まぐるしく移り変わっていく。

「全然違うじゃねーか！」

怒る区分所有者の声もあった。それでも、「より良く会」の面々が「大事なことなので」と制し、集計は進む。

神経をすり減らす3度連続の票確認で、手島は疲弊する。徹夜明けで次第に手元もおぼつかなくなり、委任状を地面に落とす場面もあった。立ちっ放しで足も痛み出した。一方、差の詰まっていく様に、気持ちは昂《たか》ぶっていた。

「これは本当にいけるかもしれない」

今度は管理組合側の申し入れにより、４度目の再集計が開始される。集計に当たったのは理事2人だった。

「集計の結果は間違いない」

こう理事が明言した後に、議長から発表された数字は以下の通りだった。

・議場出席者59室
・理事会への委任状106室
・組合員（より良く会）への委任状98室

会場の空気は「より良く会」に染まっている。会場票を合わせると、「より良く会」の票数が上回っている可能性が高い――。すると、ここで、理事会から一時中断の申し入れが入った。

時間との戦いと「議長交代動議」

休憩は30分を超えるもなかなか再開されない。

仮に「より良く会」の投票数が上回った場合、理事会は時間切れによる流会を狙ってくると中島や手島は事前に想定していた。会場の使用時間には限りがある。理事会は、本日の総会を一度お開きにして、後日の総会開催を主張するであろうことは、容易に想像がついていた。仕切り直しの場で、再度話し合おうというように。

仮に、流れた場合は集計結果もうやむやになる可能性が高い。「時間切れ」を理由に、対話を拒む。これが理事会の常套手段であることは、白子の事案をくまなく調べた中島が秘かに把握していた。それを見越し、中島は総会開始の1週間ほど前から、一人ホテルと交渉に当たっていた。

「総会時間がどれほど長くなるか分からない。何とか延長にできないか」

宴会場の借り主は理事会側だった。「より良く会」には延長の権限はない。当然、ホテルの担当者も、電話越しでそう伝えてきた。中島も実のところホテル側が対応してくれるとは期待していなかった。だが、中島は粘りに粘る。これまで「より良く会」が行ってきた長期間の活動、理事会の横暴に住民が苦しんでいることなどをくまなく伝えた。そして改めて、別の担当者に対して話をつけようとした。とうとうホテルの担当者は折れた。

「私もマンションに住んでいるので、ご事情はお察しします」

中島の粘りは、ホテルの担当者の心すら動かしていたのだった。

流会にはさせまいとする事前準備が功を奏し、「時間切れ」のリスクはなくなった。

休憩中も、「より良く会」は活発な動きを見せる。理事会が話し合いを行っている姿を尻目に、会場の区分所有者たちに接触を図った。

「途中退席者用の委任状を用意しておこう」

総会前日、桃尾からはこんな指示もあった。仮に総会が想定より長引いた場合、会場を後にする者も現れると読んでいたのだ。

実際に3時間が過ぎ、休憩中に退席者が相次ぐ。ここで自治会の面々が必死に呼び止め、数票の委任状の獲得に成功している。

そして、この間にも多鹿は桃尾からいくつもの指示を受け取っていた。

長い中断を経て、総会が再開される。4度に及ぶ集計結果が出たことから、本来は議事が進行していくはずだった。しかし、議長は正当な理由がないにもかかわらず一向に議事を進めようとしない。

「何やってるんだ」

「早く進めろよ」

会場の声を無視するように、議長はとうとう総会終了の意向を示した。多鹿が管理組合の顧問弁護士に対して、「議事の進行は可能か否か」を問う。「可能である」との回答に議長の顔は青ざめ、自ら交代を宣言――。規定により、吉野理事長が議長に就任した。

それでも議事は進まない。「動議を決議し、議会を進行させよ」という要求をないがしろにし、前の議長と同様に総会の終了の意思を示したのだった。これこそが、「より良く会」が狙っていた瞬間であった。

法律面からいえば、議長は延長・終了を自らの意思で決定できない。違法・不合理な議事進行を、吉野理事長に行わせることで、議長から引きずり降ろすことを目論んでいたのだ。このプロセスを踏むことが、後の区分所有者への説明や、何より訴訟への備えとして必要であった。

多鹿が議長の不信任動議を申し入れるも、吉野理事長は議場でその採決を行うことを頑なに拒み、流会を宣言した。ここで多鹿が動く。マイクを手に取り、

「議長交代動議！」

と声高らかに名乗り出た。自らが吉野理事長に代わり議長を務めることを議場の出席者に対して問いかけたところ、大多数が賛成の意を示す挙手で答えた。

これに対し、吉野理事長は「委任状の数に疑義がある」と異を唱える。そこで、多鹿が出席した弁護士に意見を求めたところ、「あなたが決を採るなり、事実を残されても、私は文句はないです」と発言した。職業倫理上、虚偽の発言は許されない立場にある。事実上、総会において「より良く会」の議長交代のプロセスに瑕疵《かし》がないと、認めるような言葉でもあった。桃尾が言うところの、「理事会側の最大のミス」の〝効果〟が最も強烈に

現れた瞬間だった。

吉野理事長は「流会だ」「(不信任の) 決議は無効だ」と叫び続けた。「時間切れだ」とも主張するが、理事会の面々に勢いはない。その声は、ただただ会場に虚しく響き渡った。

2票差で勝ち取った過半数

この時点で時刻は18時を回っていた。総会開始から4時間を超えている。もはや他の議案を話し合う時間は残されていない。ここからは、時間との勝負だった。多鹿は議題の緊急性、優先順位の判断から、役員選任の勝負に出た。

「議長は交代したとはいえ、票数で上回り、過半数に届いているという確信はなかったんです。あとは、議場の参加者の方にどれだけ私たちの意思が伝わっているのかだけでした。本当に数票の差になるであろう、と」

手島は、開票を待つ時の心境をこう振り返っている。

議長の交代が議場に受け入れられ、満を持して第7号議案の審議を開始する。議場の決を採ったところ、改めて委任状の数字が出た。

「より良く会」が擁立した新立候補者たちへの賛成案が137。理事たちの推薦案は123票に留まった。

過半数135に対して、わずか2票という僅差《きんさ》である。しかし、この瞬間に新理事たちの就任は事実上、決定的なものとなった。

勝負を分けたのは、議場参加者の8割程度が、新理事たちを支持したことだった。「より良く会」の思いは、会場の参加者たちにたしかに届いていた。

休憩中に獲得できた委任状がなければ、過半数には届いていなかったかもしれない。桃尾の指示を忠実に遂行し、全てが嚙み合った上で、ギリギリのところで新理事たち選任の決議は有効に成立したのだった。

議長となった多鹿は、冷静に議案を進めていくことに注力する。だが、旧理事の面々は収まりがつかなかった。旧理事の一人が、新理事の面々の政策について実現可能かどうかを議論すべきだ、と抵抗を見せる。少なくとも理事としてそれに答える義務があるのではないか、と。ここで手島が強烈なカウンターを食らわせる。

「今まで理事会の方々が再任、再任をしてきた時に、それらをお話ししたことがあったでしょうか？　名前が出ているだけでしたよ。信任するかどうかだけで終わっていたと思うんですけど」

効果は絶大であった。

「そうだ、そうだ！　過去の自分たちの振る舞いを考えてみろ」

これまでの歪《いびつ》な総会運営が自らの首を絞める形となる。次第に理事たちは、何も話せなくなった。吉野理事長は、激昂しながらも、ひたすらこんな発言を繰り返した。

「さっきは過半数に達してないですよ。さっき、過半数に達していないんですよ」

吉野理事長は明らかに狼狽《ろうばい》している。続けてこうも話した。

「今日の現理事会からの議決、私参加しません。これは無理。これ、賛同しませんから」

議長として場慣れしつつあった多鹿が言う。

「発言をお控え下さい」

もはや、旧理事会の面々はまともに受け答えができる状態ではない。このようなやり取りを受けて、弁護士が吉野理事の代わりに「より良く会」の質問に答えていく。新理事たちは、自分たちに円滑に引き継ぎ業務を行わせる、という言質を取るための質問を重ねていった。弁護士も過半数の効果を理解しているため、明言を避けるように歯切れが悪い。

次第に旧理事たちの反論も終息していった。

多鹿が進行を進め、「より良く会」が擁立した新役員8名が選任された。

「私どもは不信任案に賛成していません。だから決議していませんから」

吉野理事長だけが、終始声を荒らげ続けていた。

「最後まで恥ずかしいですね」閉会間際に桜井が呟いた。

多鹿の閉会宣言をもって、5時間超に及んだ総会は終了する。会場からは惜しみない拍手が湧き起こった。

奇跡的な逆転劇。それぞれの帰路につく

ようやく一息ついた「より良く会」の面々は、奇跡的な逆転劇の喜びを嚙みしめた。足かけで数えると、4年。様々な逆境にさらされながらも、絶対的な権力に立ち向かい続け、見事に住民運動を成功させた。その喜びは筆舌に尽くしがたいものがあった。中島は、手島に対して「やったな」と短く労いの言葉をかける。誰よりも重責を抱えてきた手島は、その言葉に救われた気がした。「ありがとうございます」と、同様に短い言葉で答えたその表情は、手島にしては珍しく大きく崩れたように中島の目には映った。

会場の外で彼らを待っていた桃尾も合流し、歓喜の輪の中に加わる。弁護士としての達成感もあったが、「より良く会」が喜ぶ様子に感情移入した。それほど手島たちと密な時間を過ごしてきたことの証左でもあった。

「正直、勝てるとまでは思っていなかった。最後まで気は抜けませんでしたが、総会当日の振る舞いや進行は完璧に近かった。期待に応えられ安心した、というのもありますが、

苦労を知るだけに率直に嬉しかった。ただただ、めちゃくちゃ嬉しかったんですよ」

いくぶんかの運が味方したことも否定できない。

コロナ禍が起きず、総会が通常通り2月に行われていたら。「より良く会」が臨時総会の招集をして、総会時期を早めていたら。もし総会参加者の数が少なければどうなっていたか。また、ホテルから延長を断られていたら。多鹿が代表に就くことなく「より良く会」が崩壊していたら……。

おそらくいずれの場合も、レジスタンスは成就しなかっただろう。だが、その運を引き寄せたのも手島や多鹿を中心とした、彼らの熱量と行動力であった。

多鹿は閉会を確認すると、喜びを分かち合う間もなく足早に京王プラザホテルを後にした。この日、趣味であるプロレス観戦の開始時間を過ぎていたからだった。

「まさかここまで総会が長引くとは予想していなかったですよ」

試合の観戦中、多鹿は高揚感を覚えていたが、それは好試合が続いたからだけではないことは分かっていた。興行後、友人たちとの食事の際も、いつもより早くアルコールが回った。それは数年来味わっていなかった、心地よい酔いでもあった。

中島は、理事会打倒後も、「ようやく一区切りがついた」と安堵するに留まった。竹内や白子の訴訟に関わる人たちに報告を入れると、嬉しそうな声で「本当におめでとうございます」と祝辞を伝えられた。

佐藤には、運動を途中で離脱したという負い目があった。久しぶりに顔を合わせた面々を見て、自分はあまり発言をする立場ではない、と総会会場では控えめにしていた。しかし、議事が進んでいくと一緒になり、「おかしいだろう!」「そうだ、そうだ」と声を上げていた。むしろ、誰よりも熱心に声を張り上げていた。紆余曲折を経て、佐藤は後に理事にも就任している。

「正常化のためにはまだやるべきことがたくさん残っている。そのために、少しでも力になりたい」

そんな思いから、理事に立候補した。

会場には、手島を支えた10名の自治会の面々も揃っていた。最古参の今井は体調不良で入院していたが、桜井からの報告に「これをずっと待っていたんだ。もう思い残すことはない」と、病室で感極まって大粒の涙を流した。

桜井は、ドラマを見ているようだった、と総会を振り返った。自分たちの勝利を確信すると、手島への感謝が真っ先に思い浮かんだ。

「私たちもしんどかったですが、最も大変な思いをしたのが彼女だった。だから、手島さんに対して素直に『ありがとう』と伝えました。それ以上の言葉が出てこなかったので。これを待っていたんだ、という気持ちと同時に、長かったなとしみじみと昔を思い出しました」

ホテルからの帰り道、手島は自転車を押しながら、寄付をしてくれた支援者たちに報告をかねたお礼の電話をかけ続けた。道中の寒空も、足の痛みも不思議と気にならなかった。秀和幡ヶ谷レジデンスに戻る前に、1時間強をかけて10件ほどの報告を終える。

2018年2月に活動を始めてからの約1200日間。ほとんどアルコールを口にすることはなかった。もともと酒を好む性質でもない。だが、この日は違った。体がどうにもアルコールを欲していた。帰宅途中にコンビニで買った低アルコールの缶酎ハイを開け、一人祝杯をあげた。

エピローグ

激闘の末、勝利を収めた「より良く会」や新理事たち——。だが、事はそううまく運ばない。案の定、活動は早々に暗礁《あんしょう》に乗り上げることとなる。懸念された引き継ぎ業務で旧理事会とぶつかったのだった。

引き継ぎをスムーズに行うため、桃尾は折衷《せっちゅう》案である二つの条件を提示した。これが反発を招くことになる。

新旧で5対5、同数の理事を擁立する折衷案とすること。ただし、権限が強い監事はこちらから出すべきだ、という助言を送っていたものの、納得を得ることには苦心した。

「旧理事会の面子を理事に入れるのはおかしい、という声が圧倒的に多かった。これまでの経緯を踏まえるとそう考えるのも当然だし、感情的には理解できます。ただ、一刻も早いマンションの健全化を最優先する必要がありました。仮に裁判になると、長期戦となる。そうなると誰も得をしないことは明らかでしたから」

多鹿や「より良く会」の一部のメンバーは、反対意見を必死になだめた。同時に、実は、折衷案を通すため、水面下で吉野理事長とも交渉を続けていた。

「マンション全体を考えるとある程度折れることは仕方ない」

そんな思いからだった。

しかし、あっさりと新理事たちの目論見は崩れることとなる。吉野理事長が新理事たちの許可なく独自に区分所有者に送付した報告文書では、マイクを奪って議事を進行したこと(※旧理事たちの主張)などを理由に、「より良く会」の議会運営が無効であるなどの一方的な文面が記されていた。

それればかりか、旧体制の推薦案が可決された(旧体制の役員案が支持された)と事実をねじ曲げた主張まで繰り広げている。加えて新理事たちへの中傷ともとれる文言が並んでいた。端的に言うなら、

『「より良く会」の議事進行には問題があった。投開票の集計も正しく行われていない。総会自体が無効であり、我々は理事職に留まるべきである」

というようなものであった。

「より良く会」が譲歩し、落とし所を探っていた状況だっただけに、これには収まりがつかなかった。旧理事会顧問弁護士の法律事務所で行われた〝交渉〟もあっさり決裂に終わる。再度、桃尾から5対5の選任案を打診するも、旧理事会の弁護士からは何の反応もなかった。穏便に事を進めようとした多鹿ですら、「彼らと分かり合うことはできない」と悟った。

政権交代を果たしたはずも、管理室の鍵の受け渡しも当然のように拒絶された。再三求

めてきた、組合員の名簿開示にも取り合わない。理事実務に伴う引き継ぎは何一つ実行されなかった。

そこで新理事たちは次の三つを想定しつつ準備を進めた。2022年2月に通常総会が開催され、再び役員交代の動議が旧理事会から行われること。そのために委任状集めを行うこと。そして、旧理事会がすでに理事の地位にないことを法的に確認するために、旧理事の職務執行停止処分を求めることだった。代理人は桃尾が務め、22年1月に東京地裁に申し立てを行った。

より早期的な解決を求めることを目的とした、やむを得ない処置でもあった。

民事裁判上での結果は明らかだった。3カ月後の4月には、吉野理事長を含む旧理事たちに対して、理事の職務を執行してはならない、という職務執行停止仮処分決定が発令された。これを受けて、長年管理会社の顧問を務めてきた弁護士は辞任している。仮処分を確定させるための本案訴訟も多鹿を原告とし5月に提訴された。

その後も係争は続いたが、「秀和幡ヶ谷レジデンス管理組合法人の理事等の地位にないことの確認を求める訴訟」は、新理事側の要求を全て認める控訴審判決が24年2月に言い渡された。完全勝訴であった。

不服とした吉野理事長はその後も上告・上告受理を申し立てたが、10月には最高裁が棄却した。これを受けて、秀和幡ヶ谷レジデンスの理事職をめぐる係争は、ようやく法的に解決を迎えたというわけだ。

仮処分の決定後もいくかのトラブルが生じた。銀行が管理組合の口座を凍結したため、旧理事会が委託していた管理会社は去っていった。「管理委託費の支払いを受けられなくなったため、22年10月31日付で撤退する」と意向を告げている。だが、旧理事会に直接雇用された、と主張する大山管理人が「旧理事会撤退後も管理業務を行う」と言い始めたのだった。

「管理組合は変わっていない。理事長は交代していない」

そう言い放ち、頑なに管理室の受け渡しを拒否していた。

管理室はマンション管理の根幹となる拠点である。新理事会は、なんとしても取り戻さなければいけない。

管理会社の撤退日に、手島たちは警察の出動も要請。数十人の住民が集まり、衆人環視のもとスマートフォンで記録を残しつつ、手島が宣言した。

「みなさん証人になって下さい」

そこで鍵交換が行われ、ようやく管理室を奪還したのだった。

本格的に新理事会の業務が開始したのは、〝政権交代〟から1年近く経過した翌11月1

日だった。

直後に開催した臨時総会、翌年の通常総会開催を受け、これまでの謎ルールは全て撤廃されている。厳密に言うなら、もともと規約にないものばかりなのだから、大幅な規約の改正などは行う必要もなかった。

「以前の理事会のルールは新体制では行いません」

その発言と総会報告書だけで、あとは自ずと住民たちに広まっていった。入居前面談も廃止し、入居者の出入りは活性化した。区分所有者たちにとって、２０２３年に入りようやく心の平穏が訪れたのだった。


同様に白子の帳簿開示請求（84ページ）についても、竹内の完全勝訴という形で決着がついた。

平日の指定時間であれば、何時にでも閲覧・写真撮影を認めること。閲覧・撮影に際して、竹内側の弁護士、税理士など専門家の立ち会いを承諾すること。訴訟費用は被告負担、という判決が23年4月に言い渡された。

その後管理組合は上告するも、24年9月に最高裁で棄却されている。

両裁判において被告側、つまり管理組合は途中から弁護士を立てずに、吉野理事長の本人訴訟に転換している。訴訟記録の経過から判断すると、勝訴の見込みが薄いことは明らかで、できるだけ判決を引き延ばそうとする意図も見えた。

吉野理事長を含む旧理事たちは、なぜここまで理事職に固執したのか――。本人訴訟を行ってまで何を守りたかったのか。取材を通して常に私の頭の中にあった疑問だ。

管理組合に近い存在としては、ＰＴＡが挙げられることもある。区分所有者や保護者が、率先して役員に手を挙げるというようなケースはほとんど聞かない。むしろ、面倒事として避けられることの方が多いだろう。

貴重な時間を割いてまで、自治活動に参加したいという人は少ない。今回のように、何十年にもわたり理事や理事長を継続する例が少ないのは、単純にメリットがないということも大きいのだ。

そして、住民たちの怒りを買った吉野理事長はいったいどんなパーソナリティの持ち主なのか。この点も、必ず取材の際に対象者たちに確認してきたことだ。

私が初めて吉野理事長に接触したのは、前述した２０２０年の８月の直撃取材だった。

「嘘ばっかり」

「事実無根」

強い言葉を繰り返して追及の矛先を逸らそうとする理事長に、過去に不祥事に関して取材してきた議員や地方の首長たちの姿が浮かんだ。

何度か記事化を止めようとする言動も見られた。

「私は講談社（版元）をよく知っているから。役員も知っているからね」

「どうぞ連絡して下さい」と快諾の旨を伝えたが、今に至るまで編集部に対して役員からの連絡は届いていないそうだ。

当時は、コミュニティの中で理事長という絶対的な権力を持つ立場に就いたことで慣れが生まれ、過度な言動に繋がっていった、と結論づけた。それこそ長年議席を守り続け、周囲からおだてられ、地域において存在が肥大化していく政治家のように――。

しかし、取材を重ねても、権力への固執、という単純な構図だけでは説明がつかない部分が残ったのも事実だ。

「なぜここまで理事長を続けてきたのか」

「住民たちの訴えをどう感じているか」

この点は、どうしても本人の口から聞きたいと考えた。

携帯番号を入手し、何度も連絡をしたが一向に繋がらない。複数の電話番号から連絡しても結果は一緒だった。度々自宅を訪れ、インターホンを鳴らすも応答はない。再直撃を狙い自宅前で出待ちしたこともあるが、複数の自宅を持つ理事長をなかなか捕まえることはできなかった。その後も折を見て吉野氏に接触を図るも、実現はしていない。

直近まで理事長との交流があったという、ある区分所有者はこう明かす。
「政権交代が起き、訴訟が始まってからの理事長は別人のように心を閉ざしていった。今なお強い警戒心を抱いている節があります。連絡も、登録されている電話番号以外の着信は出なくなったのではないでしょうか」

理事会交代から約1カ月が経過した21年の12月半ば。第4章で登場したフリーの番組ディレクターの神林は、青山の指定された喫茶店で吉野理事長を含む、前理事3人と向き合っていた。

数日後に控えた「バイキングMORE」のオンエアへ向けた最終確認の取材であった。何日も張り込みした末、ようやく理事長から「別日に取材の場を設ける」と約束を取りつけていた。

放送ギリギリに取材日を調整したのは、「おかしな横槍が入らないように」という神林の思慮だ。一人でカメラを回し、取材現場には別のクルーを同行させなかったのは、取材経過から激しい口論となり、同僚が物怖《ものお》じする可能性も考慮していたからだった。

「放送しないでくれ」

それが、元理事たちの第一声であったという。

住民たちが訴えた謎ルールの数々を一つひとつぶつけていくも、「ありえない。嘘っぱちだから」と全否定される。その後も質問を続けていくも、結果は同じ。

「全て事実と異なる。だから放送するな」

これが吉野理事長たちの主張だった。

放送について何かを決める権限はあなたにはない。そう伝えて再度、住民たちの訴えについて取材を進めようとすると、「事実でない」とまたイチから説明を始める堂々巡りだった。そんなやり取りが3度ほど続き、取材は5時間近くが経過していた。

一方的な番組内容にするつもりはない。元理事たちの主張もしっかりと反映させる。だから話してほしい、と何度も説得した上で、ようやく吉野元理事長は口を開き始めた。

「住民たちの声を吸い上げ、総会で決めたことを規約にしている。規約にないルールなどは基本存在しない。一部の住民たちが勝手に言っているデタラメ。虚偽です」

訴えを真っ向から否定。これが、謎ルールに対しての回答であった。その上で、「厳しすぎる」という声が上がる管理を行ってきた理由については、こう話した。

「マンションの価値と住環境の安全を保つために理事会で決めてきた。規約には明記していないこともあるが、その状況に応じて説明していて大体の住人は知っている。自分たちは重箱の隅をつつくようなことはやっていない」

交渉を重ねる過程で、神林は旧理事会からある程度のコメントを引き出していた。

「放送すると大変なことになる」

去り際に言い捨てられた言葉を聞き流し、急いで社屋に戻り編集作業に入った。

1年超の取材成果は、21年12月17日に30分枠で放送された。『渋谷区・一等地マンション』住民ら主張。謎ルール。理事会対住人。総会が紛糾。双方を独自取材」と銘打たれた番組内容は、出演者たちも「このマンション大丈夫?」「事実なら誰も住まないよ」と呆れるものだった。

マンションの正門が21時に閉まる。65歳以上は売買・賃貸が禁止。入居が確定するまで内見禁止。パソコンが各世帯に1台しか認められない（いずれも旧理事会は否定）。8月は工事禁止（人の出入りが多くなるためと回答）。管理人が郵便ポストを確認（不快なチラシを省くためと回答）。入居者面談が必要（規約に基づいて行っていると回答）――などを細かく取り上げた。

その上で、周辺の不動産会社から、近隣の相場感は35平米で3500万円前後であるが、現在1500万円前後まで資産価値が下落していること。謎ルールの存在、特にリフォームが簡単にできないため売買が難しい、という旨の証言を紹介している。

取材内容には自信があり、VTRの中身にも手応えを感じていた。

オンエア中に、神林の携帯電話が何度も振動した。画面を確認すると、吉野理事長からの着信だった。何度目かの着信で取ると、電話越しの吉野理事長は興奮状態にあった。

「放送していいと許可していないい。約束が違うじゃないか!!」

吉野の有無を言わさぬ迫力に負けず、神林は力強く返した。

「オンエアしないとは言ってない。約束通りですよ!!」

それだけ言って、通話を切った。以降、旧理事会と関わることは一度もなかった。


長時間にわたり、旧理事会と向き合った神林の目には吉野理事長はどう映ったのか。改めてそう問いかけると、間髪を入れずに話し始めた。

「理事長はほとんど全てを否定していました。絶対にありえない！　という風に。ですが、こちらは何十人もの住民たちから証言を得ているわけです。住民だけではなく、業者や関わる人全てが困っていたのは明らかでした。それらを質問しても、まともな会話にならなかった。あくまで個人的な考えですが、吉野理事長は自分の行動が100%マンションのために正しい、と純粋に思い込んでいた節があった。『より良く会』の面々の行動は〝悪〟であり、風紀を乱している、と断定していた。狂気的とすらいえる強いマンションへの思いゆえに、住民の意見を無下にし、理事長の立場に固執するようになっていったように映りました」

25年以上前に吉野氏が理事長に就任した当初、その運営方針について懐疑的な声が上がることはなかった。むしろ、熱心に組合活動を行う役員になったと、肯定的な見方もあった。約20年前「友の会」が立ち上がるまで、理事長に対しては「ほとんどネガティブな見方はなかった」ということは証言で一致していた。しかし、「あることを契機に変わっていった」と、吉野氏と古くからの知人であるという区分所有者が明かす。

「もう20年以上前かな。暴力団関係者が区分所有者になったことがあり、それは大変な目に遭ったわけ。右翼団体なんかも出てきたようで、マンション自体が食い物にされそうになったことがあったと聞いている。『細則や規約』と厳しくなったのは、当時の出来事が大きかったのは間違いない。賃貸ですら面接を行うのも、本当に住民の安全を守りたかった、というところからスタートしているはずだよ」

この区分所有者は吉野氏と意気投合し、何度か酒を酌み交わしたこともあった。近所の西原商店街の飲み屋で偶然出会ったこともある。店内でも気さくに会話を弾ませるなど、社交性も備わっていたという。だからこそ、変わりゆく彼の様子は見るに忍びなかった。

「吉野はバカがつくくらい真面目な性格なんよ。真面目すぎて融通が利かなく、思い込みも激しかった。一度やり始めたら、ほどよい限度が分からないの。本当は仲間が欲しかっただけじゃないかな、と考えることもある。俺からするとね、あいつをたきつけ、美味しい思いをしていた他の理事たちの方が、よっぽど無責任で悪質じゃないか、とも思ってしまうわけ」

おそらくだが、吉野理事長を含む旧体制は〝勝ちすぎた〟のだ。自分たちの意見がまかり通ることが通常運転となり、区分所有者との意識に溝が生じていった。「より良く会」の主たるメンバーは所有歴が浅い面々であり、環境に染まらなかった。彼らはそのギャップに強い不信感を覚え、行動に移した。それが、理事総入れ替えという結果に繋がった。

「友の会」の消滅から十数年の間、表立って異を唱えたのは桜井と今井だけだった。過半数の委任状を盾に、労せずして理事会を維持することが可能であった。総会は年々悪化していき、理事たちの感覚は麻痺《まひ》していく。理事会にとっては当たり前の理屈であれ、過半数の住民、出入り業者、そして私のようなマスコミは違和感を覚えた。

一方で、〝マンション管理〟という点においては、旧理事会が果たしてきた役割を無視するわけにはいかない部分もある。秀和幡ヶ谷レジデンスを訪れて気づくのは、築50年とは思えないほど保存状態が良く、建物がきれいに保たれていることだ。

新理事体制が始まり、まず相次いだのがリフォームや工事の申請だった。特にリフォームの要望は後を絶たず、「正確に把握するのが困難なほどの申請があった」という。同時に、売買契約も進んでいき、ここ3年間で成立数は20に近い数字となっている。

幡ヶ谷周辺を拠点とする不動産業者は、背景をこう説明する。

「秀和シリーズのマンションは全般的に保存状態が良いことが特徴に挙げられます。そんな中でも幡ヶ谷の状態はかなりいい。10年に満たない周期で大規模修繕を行っていた、という管理のおかげです。特に共有部分を見た時は驚きました。適当に管理していたら、あの状態を保つことは不可能です。前理事会の〝行き過ぎた〟管理ゆえの産物でもあるのです」

別の大手不動産業者によれば、資産価値はほぼ正常に近い数字まで戻りつつある、というのだった。

「ヴィンテージマンション、特に秀和シリーズはリフォーム前提で購入されるケースが圧倒的に多い。謎ルールが撤廃され、リフォームの縛りがなくなったことは大きかった。昨今の都内の不動産高騰が背景にあるにせよ、底値の頃と比べれば1・7倍から2倍程度の価値になっていると言っていいでしょう」

視点を変えれば、旧体制の執拗なまでのこだわりや細則ゆえに管理が行き届き、厳しいルールが住民たちへの圧力となったことで、結果的に建物はきわめて良好な状態が保たれたのだ。皮肉なことにも、建物の状態を維持できていたことは資産価値としては加点材料となった。それゆえ理事会の交代を機にルールが消えてから、急速に売買による居住者の出入りは増加していったのだった。

大多数の区分所有者は新体制となり、住み心地は良くなった。「ようやく普通の暮らしができるようになった」と明かす者もいた。その一方で、防犯や安全面という観点では旧体制には及ばない、という一部の意見もある。住民の一人である高齢の女性は次のように話した。

「以前は変な人や怪しい人が絶対に入ってこない、という安心感があった。今は規約が緩くなり暮らしやすくはなったけど、防犯という面では前の方が良かった。このマンションは多くが高齢者でしょ。私のような年寄りからすると、安全はすごく大事なんです」

反理事会の急先鋒であった手島に話を聞いても、管理という点では同様の見解を示した。

「旧理事会の横暴ぶりや謎ルールは、到底看過できるものではありません。ですが、マンション管理の知識や施策、という点では吉野理事長の実績は分けて考えるべきでしょう。建物の価値を守る、という点は本当に徹底していた。少なくとも幡ヶ谷に関してはそうだったと思います」

長期にわたる取材を通して、理事会の刷新は〝正解〟だったと思う。その一方、マンション自治に関しては吉野元理事長と手島ほど熱量や見識を持つ者はいなかったとも感じるのだ。方向性や手法は全く異なるが、根底にある「マンションを良くしたい」という確たる意思は相通じる部分もあった。現理事の一人は私にこう打ち明けることもあった。

「異常な体制を敷いた管理組合を倒すのは、同様かそれ以上に異常な熱量を持った手島さんのような人が必要だった。本質的に、あの二人はどこか似ているんですよ」

最後に、2024年11月末時点での秀和幡ヶ谷レジデンスに関わる人々の動向を紹介して締めくくりたい。

理事会交代後も、旧理事たちの大半は変わらずマンションに居住している。ただ、以前のように敷地内で遭遇する機会はめっきり減ったという。

最高裁の判決を受け、吉野旧理事長は沈黙を続けている。ダイアパレス白子第2の理事長職には、その名が残ったままである。

白子の竹内は、幡ヶ谷と白子の最高裁による被告側の要求棄却という判決を受け、ほんの少しだけ声を弾ませた。

「ようやく一段落ついたけど、まだまだ闘いは続いていきます。幡ヶ谷を見ていても、このまますんなり吉野理事長が引き下がるとは思えない。なるべく早い総会開催を目指し、そこでの理事長交代を目指していくことになるでしょう」

11月27日付で白子の管理組合から竹内宛に送付された書類を読むと、吉野理事長は今なお激しい抵抗を続けていた。何かと理由をつけて帳簿の全面開示や、一時的な帳簿の預け入れを拒否する意向を示した。

竹内は、最高裁の判決に従わないことを理由に、理事長の職務執行停止仮処分を請求する予定だという。その上で、一時的に職務代行者、つまり第三者の理事長を置くことを求めていく。中島も継続して竹内をサポートしていくつもりである。とはいえ幡ヶ谷の例から判断すると、完全決着までは相応の時間を要しそうだ。

「より良く会」のメンバーが土台となり選任された新理事会は、さらなる引き継ぎの要求を吉野氏に求めていくことになる。未だに積立金の残高や、運営費の全貌も明らかになっていない。吉野理事長が、新理事会への引き継ぎを拒否しているためだ。水面下での交渉も現在進行形で続く。健全なマンション運営を行うには、まだいくつかの課題も残っているのだ。

18年2月の総会から数えると、まもなく手島たちの活動は7年にも届く。それでも、まだ完全決着には至っていない。このことが、マンション管理を取り巻く問題がいかに複雑であり、長期化するかということを物語っている。

手島は理事の一人として活動しながら、自治会も精力的に稼働させている。月に1度の頻度で集会場に集まり、自治会の要望を吸い上げつつ理事会の議題に上げている。資産価値の上昇、規約の見直し、謎ルールの撤廃。総会で罵詈雑言が飛び交うこともなくなった。手島がマンション内で住民と顔を合わせると、感謝の意を伝えられる機会も増えた。

3年間進めてきた改革で、秀和幡ヶ谷レジデンスには目に見える形で変化が生まれていた。それはハード面だけではない。中でも最も大きな変質は、区分所有者たちの意識が挙げられる。

1200日間の住民運動の結果、マンション自治に関心を寄せる層は着実に広がっていた。実際に自治会の面々を取材する際には、手島の推薦もあり「見学したい」と申し出る区分所有者もいた。それも、従来の高齢層だけではなく、若い世代においてだ。

取材に同席した30代の男性は、「本当にこんな壮大なドラマがあったんですね」と闘いの軌跡にただただ感嘆していた。

「より良く会」が政権を握った管理組合も、いずれ理事たちは交代する。そして、次世代へと引き継がれていく。それが正しい組合運営のあり方でもあるのだ。手島にとっては、若い区分所有者が自治に関心を持ち始めたことが何よりも嬉しかった。

「活動を始めてから、賛同者のうち10名近い方がお亡くなりになったんです。いずれ、過去の理事会について知らない区分所有者の方もどんどん入ってくるでしょう。だからこそ若い人たちがマンション自治に関心を持ち始めた、ということは未来の秀和幡ヶ谷レジデンスにとっては大きな転換を意味する。自治会は、そういった方々の受け皿でありたい。今後も定期集会は続けていくし、より組織として成熟させていければ、と願っています」

長い闘争により犠牲にしたものも多かった。一方で、得たものもあった。中でも、空白の時間を取り戻すかのように、住民の中でのマンション自治への関心が高まったことが、最大の収穫ではなかったか。

取材を終えたいま、そんな考えが頭を過った。

あとがき

「一言でいうならクールな人ですよ」

取材対象者に手島の仕事ぶりを尋ねていった際、最も多かったのがそんな返答だった。

ここでいうクールの意味合いは、冷静に分析を重ね、平静を保ち続けた仕事ぶりを指す。言葉の本意は、その姿勢を最後まで崩すことなく、「打倒！ 管理組合」という目的にひたすら実直に向き合ったことだと解釈している。

そして、必ずといっていいほど次のような補足が続いた。

「手島さんでなければ間違いなくクーデターは成功しなかったと思います」

本書を書き終え、私も同じ見解を持っている。

ここに、2018年2月から4年近くにわたり手島が作成してきた資料がある。裁判資料などを合わせると、ざっと確認しただけでも優に300枚に届く。白子の適正化委員会で奮闘した村井や竹内もそうだ。専門家でない彼・彼女らが必死に調べ上げ記してきた記録も、やはり同様に膨大な数になる。

いったいどれほどの時間と労力、お金を注いできたのだろうか――。

この類の質問を投げかけると、手島は決まって冗談交じりにはぐらかすのだった。

「意志が弱い人間なんです。そういう立場にあって、周りから頼られていたのでもうやりきるしかなかったのです」

もしかすると、当人ですら正確にその労力を把握していないのかもしれない。中島も同様だった。具体的な金額や手間を尋ねても、答えようとはしない。それは決して謙遜や照れ隠しではないだろう。

仮に、「より良く会」の中心となった手島や多鹿、中島らに私利私欲を感じさせる行動があったなら、会は早々と崩壊していたはずだ。無償の献身が、住民たちの心を動かした。あえて詳細を書き記さなかったが、会の中には時に強硬な言動に出た手島に対して批判的な意見もあった。ただしそれらは、クーデターが現実味を帯びたあとに出てきたものでもあった。自分の感情を抑え、本心を悟らせない。ただし、間違った意見に対しては徹底的に説き伏せる。手島のしたたかさと芯の強さを知るメンバーほど、冒頭のような印象を抱いたのだった。


取材中に聞いた桃尾弁護士の言葉が、ずっと脳裏に残っていた。

「秀和幡ヶ谷レジデンスの案件は、人、場所、条件など、全てがうまく絡み合った結果だと思うんです。本当に全てが」

桃尾の言葉の真意は、マンション管理全般を見渡すことで少し立体的になる。

秀和幡ヶ谷レジデンスは、築古であり、区分所有者が移り変わりにくい、人との繋がりが色濃いマンションだった。故に、手島たちの行動が住民に刺さった側面も強かった。高齢者が多い住民層。長年の圧政に耐えてきた区分所有者。彼らの神経を逆なでする理事会の言動という分かりやすい構図。不満を爆発させた管理費増のタイミング。18年に外部オーナーたちが総会に集まった、という偶然もそうだろう。長年の管理体制が外部にまで漏れ聞こえ、反対運動の正当性に説得力が加わり、資産価値の向上という利害関係も重なった。

億ションや都心部のタワマンで類似する管理組合の〝異常管理〟が発生したとて、住民運動に発展したかといえば疑問符がつく。「うるさい住民がいるな」と一笑に付す者もいるだろう。もっといえば自主管理の方向性には向かないはずだ。より前段階で、何かしらの方法で理事会の横暴を阻止していた可能性も高い。

ただし、超高齢社会を迎えた今後の日本で増加するのは、秀和幡ヶ谷レジデンスのような築古のマンションなのだ。

今後、老朽化したマンション問題は全国的に一層広がっていくと目されている。日本経済新聞電子版が2024年10月22日付で配信した「マンション建て替え、1人2000万円負担でも99％『困難』」とタイトルがついた記事の一部を抜粋する。

「分譲マンションで人気エリアにある関東や関西の物件は、所有者1人が2000万円を拠出しても99％以上が建て替えが困難との試算がまとまった。国が調査した実際の建て替え負担は同1941万円。資材や人件費が高くなり、解体・建設ともコスト上昇に歯止めがかからないためだ。国は建て替え要件の緩和などに動くが、費用が障害になっている」

〝寿命〟を迎え、建て替えが不可能となったマンションの住民たちはどんな行く末をたどるのだろうか。そんな時代が、目の前に迫りつつある。ブーム的に人気を博したタワマンの未来についても不安が囁《ささや》かれている。一般的にタワーマンションの維持管理や建て替え費用は、通常のマンションよりも高額になりやすい。専門家などの試算では、1戸あたり2500万円ほどを要するとの意見もある。

「建て直し」にも「取り壊し」にも、現行法では区分所有者の5分の4の賛成が必要になる。区分所有者の自治の意識なしには成立が難しい数字だ。

都心部では、投資目的で海外の富裕層による区分所有も年々増えている。これはビルオーナーにしても同様だ。昨今の外国人定住者増も、マンション自治を考える上では、管理や組合という概念がより一層価値が高まっていく未来に繋がっていくだろう。

その上で、秀和幡ヶ谷レジデンスの闘い方を再現できるかと問われると、どうしても答えに詰まってしまう。手段を知っていたとて、そこに関わる人の熱量を測れないからだ。

「やっぱり……手島さんでないとうまくいかなかったと思いますよ」

桃尾はしみじみとそう語った。


本書を執筆中、20年以上昔に鑑賞したある映画が思い浮かんでいた。1993年に劇場公開された「トゥルー・ロマンス」という作品だ。

トニー・スコットがメガホンを取った同作の脚本は、今や世界屈指の映画監督となった若き日のクエンティン・タランティーノだった。ラストシーンを巡り監督と脚本家は揉めに揉めたというが、一部の映画ファンの中ではタランティーノ脚本の最高傑作との呼び声も高い。それは、彼の大ファンである私にとっても同意できる意見である。

クリスチャン・スレーターが演じるクラレンスと、後にエミー賞を受賞するパトリシア・アークエットが熱演したアラバマは、出会ったその日に深い恋に落ちる。たった一度の情事で、翌日に結婚。アラバマは悪い虫がつきまとうコールガールであった。クラレンスはアラバマを食い物にする元ヒモを殺害し、その荷物を持ったまま二人は愛の逃避行に走る。

だが、実はその荷物はコカインが入っているイタリアンマフィアのもので、警察も二人を追っかけるようになっていく。何度も危険な目に遭いながらも逃走を続けるロードムービーだ。

当時13歳ながらに、一度のセックスで人生がこんなに変わるものなのか、と爽快で軽快な作風の余韻に浸った。年齢を重ねたことでその機微を多少は理解できるようになっていったが、同時にクラレンスのような原始的な衝動は薄れていった。

ちなみに、ここまで熱く語ってきたが、本書とこの映画のあらすじとは全く関係ない。なぜ設定も舞台も全く異なる同作が、秀和幡ヶ谷レジデンスの物語と重なったのか。実は、その明確な答えは持っていない。それでも断片的な説明はできる。理性や理屈を、本能や情熱が上回ったという物語の根幹に、類似性を感じたためだ。

机上では決して測れない感情の揺れが、常識や前例を打ち破るという人物たちの歩みや生き方に惹きつけられた。その様子はまるで、稀代のエンターテイナーが描くシナリオの登場人物であるかのように、私の目に映ったのだった。

日々の取材活動の中で、怒りや怨嗟《えんさ》という強い感情が人間の行動を支配する場合に遭遇することはそれほど珍しくはない。パワハラや男女の痴情のもつれ、金銭トラブル、政治家への告発などの事案では、根底に負の感情が渦巻くケースが大半だ。

ただし衝動に駆られて行動に移すだけでは、なかなかその先に思い描く到達点に届くことはできない。計画性や継続性、証拠を集める論理的な思考が伴わない場合、大抵は絵に描いた餅《もち》で終わってしまう。

その一方で、感情や熱量が伴わない仕事や、きれいな言葉で飾られ、周到に守られた人物を取材することに虚しさを覚えることが増えてきた。

取材者としては致命的な欠点であるが、私はある段階からそういった日々起きる〝事象〟に対して少しずつ関心を失うようになっていた。数字に追われ、上っ面をなぞるだけの浅薄な記事が量産され、取材対象者に一定の肩入れや〝過度な〟配慮をせざるを得ないようなメディアの体質に対しても限界を感じ始めていた。それでも一部の編集者の中には、単純な「面白さ」を重視する風潮が残っていたことで、何とか業界に踏みとどまることができていた。

乏しい経験の中で、こんな思いを日々大切に持ち続けてきた。

「頭では理解できない理屈や常識では測れない熱量ほど、面白いものはない」

そんな仮説の、ある種答え合わせとなったのが、秀和幡ヶ谷レジデンスの取材で出会った人々との縁でもあった。初心を忘れることなく、手島たちのような情熱を持ち続けて取材に向き合えているのか。改めて、自身に問いかける機会にもなった。

本書の担当編集者である毎日新聞出版の久保田章子氏も、熱量の総量が多い人であった。「週刊現代」に寄稿した原稿を読んで、突然面識のない私に書籍化のオファーをした。打ち合わせの際には多岐にわたる内容の会話の中で、目を輝かせながら質問を重ねてきた。不安を抱えながら原稿を執筆している際も、度々温かい言葉を頂いたことが励みになった。

また、講談社の編集者である野崎氏の思い切りの良い決断がなければ、記事化することも、長い時間をかけて取材をする機会もなかった。その場合、もしかすれば住民たちのクーデターは未遂に終わっていたかもしれない。実際に「より良く会」のメンバーの中には、そんな意見が多々あったことも記しておきたい。

本書には実名で登場しなかったが、専門家である不動産業者や、司法の見解を解説してくれた某新聞社の記者や弁護士。彼らの協力や見識も助けになった。

そして何よりも、秀和幡ヶ谷レジデンスに関わり、快く取材に協力して下さった全ての方々に改めて謝辞を述べたい。特に手島氏は身内に不幸があった中でも、累計40時間近い取材や問い合わせに、嫌な顔一つせずに付き合ってくれた。彼女の協力なしでは、間違いなく本書が日の目を見ることはなかった。

彼らと接してきた上で、こうも思った。

「手島たちの闘いを表す上で本当にクールという言葉が適切なのか」

「トゥルー・ロマンス」を際立たせたのが、オープニングとエンディングで流れる楽曲でもあった。手がけたのは西ドイツ出身の映画音楽を代表する作曲家・ハンス・ジマー。木琴が主なメロディラインを作り、インストゥルメンタルのみで構成される耳残りの良さが、夕日が反射する海を背に、家族3人で過ごすラストシーンを一層印象的なものとした。

物語の最後でアラバマはクラレンスに向け、挿入曲の名称と同じ台詞を、何度も何度も繰り返す。その一文が、1200日間、ひいては20年以上に及んだ長き闘いに身を置いた住民たちを評すのに、最も適した表現だという確信が、今はある。

曲名を「You're So Cool」という。

栗田シメイ

2025年1月某日

［著者略歴］
栗田シメイ（くりた・しめい）
ノンフィクションライター
1987年、兵庫県生まれ。広告代理店勤務、ノンフィクション作家への師事、週刊誌記者などを経て現職。スポーツや政治、経済、事件、海外情勢など幅広く取材する。著書に『コロナ禍を生き抜くタクシー業界サバイバル』（扶桑社新書）がある。

ルポ 秀《しゅう》和《わ》幡《はた》ヶ《が》谷《や》レジデンス

第1刷 2025年3月5日
第2刷 2025年4月5日

著 者 栗田《くりた》シメイ

発行人 山本修司
発行所 毎日新聞出版
〒102-0074
東京都千代田区九段南1-6-17 千代田会館5階
営業本部：03（6265）6941
図書編集部：03（6265）6745

印刷・製本 光邦

ISBN978-4-620-32826-3